「一带一路」列国人物传系 总主编◎王丽

明代10人传

一统江山万里帆

唐迪 徐帮学◎主编

中国出版集团公司
華文出版社

图书在版编目（CIP）数据

明代10人传 ：一统江山万里帆 / 唐迪，徐帮学主编.
—— 北京 ：华文出版社，2017.5（2019.11重印）
（“一带一路”列国人物传系）
ISBN 978-7-5075-4686-6

Ⅰ．①明… Ⅱ．①唐… ②徐… Ⅲ．①历史人物－列传－中国－明代 Ⅳ．①K820.48

中国版本图书馆CIP数据核字（2017）第081034号

明代10人传

主　　编：唐　迪　徐帮学
责任编辑：谭　笑
出版发行：华文出版社
社　　址：北京市西城区广外大街 305 号 8 区 2 号楼
邮政编码：100055
网　　址：http://www.hwcbs.com.cn
投稿信箱：784263235@qq.com
电　　话：总 编 室 010-58336239　发 行 部 010-58336267/58336266
责任编辑 010-58336237
经　　销：新华书店
印　　刷：保定市铭泰达印刷有限公司
开　　本：880×1230　1/32
印　　张：8.625
字　　数：140 千字
版　　次：2018 年 3 月第 1 版
印　　次：2019 年11月第 2 次印刷
标准书号：ISBN 978-7-5075-4686-6
定　　价：38.00 元

“‘一带一路’列国人物传系”编辑委员会

总　序

群星闪耀“一带一路”

“2100 多年前，中国汉代的张骞肩负和平友好使命，两次出使中亚，开启了中国同中亚各国友好交往的大门，开辟出一条横贯东西、连接欧亚的丝绸之路。”[①]2013 年 9 月 7 日，中国国家主席习近平在哈萨克斯坦纳扎尔巴耶夫大学发表演讲，以博古通今的睿智对大学生们娓娓道来丝绸之路古老而年轻的故事。

“我的家乡陕西，就位于古丝绸之路的起点。站在这里，回首历史，我仿佛听到了山间回荡的声声驼铃，看到了大漠飘飞的袅袅孤烟。这一切，让我感到十分亲切。哈萨克斯坦这片土地，是古丝绸之路经过的地方，曾经为沟通东西方文明，促进不同民族、不同文化相互交流和合作作出过重要贡献。

① 《习近平谈治国理政》，外文出版社，2014 年 10 月第 1 版，第 287 页。

东西方使节、商队、游客、学者、工匠川流不息，沿途各国互通有无、互学互鉴，共同推动了人类文明进步。”“不同种族、不同信仰、不同文化背景的国家完全可以共享和平、共同发展。这是古丝绸之路留给我们的宝贵启示”，“为了使我们欧亚各国经济联系更加紧密、相互合作更加深入、发展空间更加广阔，我们可以用创新的合作模式，共同建设‘丝绸之路经济带’”。[①]推己及人，高瞻远瞩，引领时代，习主席在阿斯塔纳[②]通过哈萨克斯坦人民，首次向世界发出了让古老的丝路精神再次焕发青春和光彩的时代宣言。

2013 年 10 月 3 日，习主席在印度尼西亚国会发表了题为《共同建设二十一世纪“海上丝绸之路”》的演讲：“东南亚地区自古以来就是‘海上丝绸之路’的重要枢纽，中国愿同东盟国家加强海上合作，使用好中国政府设立的中国－东盟海上合作基金，发展好海洋合作伙伴关系，共同建设 21 世纪‘海上丝绸之路’”，“发挥各自优势，实现多元共生、包容共进，共同造福于本地区人民和世界各国人民”。[③]这个倡议和 9 月 7 日的演讲异曲同工、

① 《习近平谈治国理政》，外文出版社，2014 年 10 月第 1 版，第 287 页。

② 哈萨克斯坦新首都名称。

③ 同①，第 293–295 页。

遥相呼应、互为映衬，完整地提出了“丝绸之路经济带”和“21世纪海上丝绸之路”的宏伟构想。

从广袤的亚欧腹地哈萨克斯坦到风光旖旎的印度尼西亚，习主席提出的“丝绸之路经济带”和“21世纪海上丝绸之路”吸引了世界各国的目光。从2013年9月至2016年8月，习近平出访37个国家（亚洲18国、欧洲9国、非洲3国、拉美4国、大洋洲3国），对“一带一路”倡议的总体框架和基本内涵做了充分阐述。和平合作、开放包容、互鉴互学、互利共赢的丝路精神，共商、共建、共享的合作理念，驱散了“去全球化”的阴霾，为增长低迷的世界经济注入新的动能。各国纷纷将本国经济发展与中国政府制定的《推动共建丝绸之路经济带和21世纪海上丝绸之路的愿景与行动》规划相衔接。“一带一路”倡导的政策沟通、设施联通、贸易畅通、资金融通、民心相通等“五通”，正在以基础设施、经贸合作、产业投资、能源资源、金融支撑、人文交流、生态环保、海洋合作等为载体和依托，在全球掀起了投资兴业、互联互通、技术创新、产能合作的新势头。2016年中国牵头成立有57个成员国加入的亚洲基础设施投资银行（AIIB），2017年3月23日迎来13个新伙伴。孟加拉配电系统升级扩容项目、印尼全国棚户区改造项目、巴基斯坦国家高速公路项目和塔吉克斯坦杜尚别至乌兹别克斯坦道路改造项目已经获得亚投行金融支持，共商共建成为现实。

“一带一路”倡议得到国际社会的热烈响应。2016年11月17日，第71届联合国大会193个成员一致赞同，通过了第A/71/9号决议，欢迎“一带一路”倡议，敦促各国通过参与“一带一路”，呼吁国际社会为开展“一带一路”建设提供安全保障环境。2017年3月17日，联合国安理会全票赞成，一致通过第2344号决议，呼吁国际社会凝聚援助阿富汗共识，通过“一带一路”建设等加强区域经济合作，敦促各方为“一带一路”建设提供安全保障环境。

2017年1月，习近平主席在联合国日内瓦总部发表题为《共同构建人类命运共同体》的重要演讲，全面深入系统阐述人类命运共同体重大理念，在国际上引起热烈反响，受到各方普遍欢迎和高度评价。3月23日，联合国人权理事会第34次会议通过关于“经济、社会、文化权利”和“粮食权”两个决议，决议明确表示要通过“一带一路”建设“构建人类命运共同体”。这是人类命运共同体重大理念首次载入人权理事会决议，标志着这一理念成为国际人权话语体系的重要组成部分。

"一带一路"不是中国的独角戏，是与亚、欧、非洲及世界各国共同奏响的交响乐。中国恪守联合国宪章的宗旨和原则，坚持开放合作、和谐包容、政策沟通，培育政治互信，建立合作共识，协调发展战略、促进贸易便利化及多边合作体制机制。中国携手100多个国家和地区，依托国际大通道，以陆上沿线中心城市为支撑，以重点经贸产业园区为合作平台，共同打造新亚欧大陆桥、中蒙俄、中国－中亚－西亚、中巴、孟中印缅、中国－中南半岛等国际经济合作走廊进展顺利，中欧班列在贸易畅通上动力强劲，风景亮丽；以海上重点港口为节点，共同建设通畅安全高效的运输通道，实现陆海路径的紧密关联和合作，太平洋、印度洋、大西洋上巨轮往来频繁，不亦乐乎。亚太经合组织、亚欧会议、大湄公河次区域合作等有关决议或文件，都体现了"一带一路"建设内容。丝路基金、开发性金融、供应链金融汇聚全球财富，建设绿色、健康、智慧与和平的丝绸之路，增进各国民众福祉。

"一带一路"是人类历史上从未有过的恢弘蓝图，也是横跨亚非欧连接世界各国的暖心红线。"丝绸之路经济带"包括中国经中亚、俄罗斯至欧洲（波罗的海），中国经中亚、西亚至波斯湾、地中海，中国至东南亚、南亚、印度洋；"21世纪海上丝绸之路”包括从中国沿海港口过南海到印度洋再延伸至欧洲和到南太平洋。一路驼铃声声、舟楫相望，互通有无、友好交往。

在新的时代，在创新古老丝路精神的伟大进程中，习主席专门缅怀丝路开拓者，特意致敬古丝路精神奠基人：“我们的祖先在大漠戈壁上‘驰命走驿，不绝于时月’，在汪洋大海中‘云帆高张，昼夜星驰’，走在了古代世界各民族友好交往的前列。甘英、郑和、伊本·白图泰是我们熟悉的中阿交流友好使者。丝绸之路把中国的造纸术、火药、印刷术、指南针经阿拉伯地区传播到欧洲，又把阿拉伯的天文、历法、医药介绍到中国，在文明交流互鉴史上写下了重要篇章。千百年来，丝绸之路承载的和平合作、开放包容、互学互鉴、互利共赢精神薪火相传。”[①]这种吃水不忘挖井人的情怀，再次展现了中华民族不忘历史、纪念先贤、展望未来的优秀文化基因，也为中国传记文学学会参加“一带一路”建设指明了方向和道路。

在古老的丝绸之路上，我们不曾相忘：张骞出使西域到过的哈萨克斯坦，山高水长的好邻居巴基斯坦，双头鹰下横跨欧亚之国俄罗斯，草原之国蒙

① 习近平：《弘扬丝路精神，深化中阿合作》，2014年6月5日，习近平在中—阿合作论坛第六届部长级会议开幕式上的讲话，《人民日报》6月6日第1版。

古，喜马拉雅浮世天堂尼泊尔，菩提恒河保佑之国印度，文化瑰宝伊朗，首创法典之国伊拉克，红海门户之国也门，石油王国沙特阿拉伯，波斯湾明珠巴林，雪松之国黎巴嫩，海湾之秀科威特，沙漠之巅阿联酋，半岛明珠之国卡塔尔，波斯湾霍尔木兹海峡守门人阿曼，万湖之国白俄罗斯，欧亚十字路口土耳其，流着奶和蜜之地以色列，欧洲粮仓乌克兰，亚平宁半岛上的文化巅峰意大利，阿尔卑斯之巅的瑞士，玫瑰之国保加利亚，与灵魂对话的思辨之国德意志，欧洲文化殿堂法兰西，欧洲客厅比利时，郁金香之国荷兰，热情如火的西班牙，还有正在脱欧的绅士国度英国，北非金字塔之国埃及，非洲屋脊奉马蹄莲为国花的埃塞俄比亚，香草大岛之国马达加斯加，等等。

沿着海上丝绸之路，我们会领略丛林花园之国马来西亚，花园国度新加坡，千岛之国菲律宾，赤道翡翠之国印度尼西亚；沿澜沧江一路南下，我们不曾相忘澜湄泽润之国越南，千佛之国泰国，高棉的微笑之国柬埔寨，万象之都老挝，印度洋上明珠之国斯里兰卡，印度洋上的明星和钥匙毛里求斯，堆金积玉之国文莱，追求自由之国东帝汶，印度洋世外桃源马尔代夫，骑在羊背上的国家澳大利亚，上帝的后花园新西兰，等等。

“一带一路”沿线国家里，那些千百年来影响了人类与国家、民族命运并与中国曾经有过交往的古今人物，至今还能在教科书、影视剧里看到他们，还能感受到他们在一代一代年轻人身上所生发的影响和魅力。

当然，对于中国人来说，更为熟悉的是丝绸之路的开拓者。曾记否？丝绸之路开拓者中，有汉武帝和他的使节们，有首开大唐盛世的唐太宗及其无数臣民，有再续睦邻通商航海路的宋祖朝廷和无数先贤，还有金戈铁马风漫卷的元代人物，一统江山万里帆的明代人物，环球凉热自清浊的清代人物，东西碰撞溅火花的近代人物，还有经受风雨变迁、勇立海国之志的现代人物，更有丝路明珠敦煌莫高窟的守护者，卫国助邻的将军和通司中外的外交家们。当然，数风流人物，还看今朝，我们不能不浓墨重彩地讴歌那些智通商海，投身到新丝路建设中的当代人物。

耕云播雨，香火延续，智慧传承，历史再续！2100 多年的友好交往历史从未隔断，惠及三大洲的中西交通从未停歇，21 世纪的“中国梦”和“世界梦”汇成了人类命运共同体的时代和弦，响彻在“一带一路”辽阔的长空。也正因如此，2017 年 5 月，北京喜迎来自“一带一路”相关国家的元首、政府首脑、前政要、知名企业家和专家学者等各界代表，以及国际组织的负责人等千名领袖，出席"'一带一路'国际合作高峰论坛"。"千人盛会"共襄"团结互信、平等互利、包容互鉴、合作共赢"[①]之盛举，共商"沿线各国共同把蛋糕做大，一起分蛋糕"之合作共赢大计。这是中华民族和世界历史上都应该铭记的大日子。

以人物传记写作为己任的中国传记文学学会，在"一带一路"倡议实施中，肩负"讲好一带一路民心相通好故事"的使命和责任，这也是国家赋予我们的根本职责和任务。在中国文学艺术界联合会的领导下，在中国社会科学院国家全球战略智库指导下，中国传记文学学会以赤诚的家国情怀、强烈的时代精神、为人传记的责任担当，在认真调研、周密谋划、精心组织基础上，毅然决定倾注全力组织编写出版"'一带一路'列国人物传系"。此煌煌百卷传系讲述近千名各国人物故事，集数百位专家作家尽心挥毫，去冬今春，夜以继日……幸得中国出版集团公司华文出版社出版发行。于是，各位读者得以读到手中的这套活泼而不失厚重、有趣而不失学养的列国人物合传书卷。

---

① 习近平：《弘扬人民友谊，共创美好未来》，2013年9月7日，习近平主席在哈萨克斯坦纳扎尔巴耶夫大学的演讲。

孔子曰："仁者，人也。"让各国的先贤智者的思想光辉，照亮我们探索人类未来的道路。

传记明志，落笔为文，是为总序。

中国传记文学学会会长

"'一带一路'列国人物传系"编委会总主编

王丽 博士

2018 年 3 月 8 日

General Editor's Preface

The Belt and Road Initiative was conceived in 2013. On September 7, 2013, Chinese President Xi Jinping proposed for the first time the blueprint in a speech at Nazarbayev University during his visit to Kazakhstan:

> Over 2,100 years ago during China's Han Dynasty, a Chinese imperial envoy Zhang Qian visited Central Asia twice to open the door to friendly contacts between China and Central Asian countries as well as the transcontinental Silk Road linking East and West, Asia and Europe.
>
> Shaanxi, my home province, is right at the starting point of the ancient Silk Road. Today, as I stand here and look back into history, I could almost hear the camel bells ringing in the mountains and see the wisps of smoke rising

from the desert. It has brought me close to the place I am visiting. Sitting on the ancient Silk Road, Kazakhstan has made important contributions to the exchanges and cooperation between different nations and cultures. This land has witnessed a steady stream of envoys, caravans, travelers, scholars and artisans traveling between the East and the West. The exchanges and mutual learning thus made possible have contributed to the progress of human civilization.

... Countries with differences in race, belief and cultural background are fully capable of sharing peace and development. This is the valuable inspiration we have drawn from the ancient Silk Road.

... To forge closer economic ties, deepen cooperation and expand development opportunities between Eurasian countries, we should innovate the mode of cooperation and jointly build an "economic belt along the Silk Road". ① Considering the interests of the world commnity, taking a broad and long view and leading the new era, in Astana, President Xi, through the people of Kazakhstan, for the first time issued a declaration to the world that the old Silk Road

① Xi Jinping, *The Governance of China* (Beijing: Foreign Languages Press, 2014) 287.

spirit would once again be rejuvenated and radiant.

On October 3, 2013, President Xi brought up this topic again in his address to the Indonesian Parliament under the title "Jointly Building the 21st Century Maritime Silk Road":

> Southeast Asia has since ancient times been an important hub along the ancient Maritime Silk Road. China will strengthen maritime cooperation with ASEAN countries to make good use of the China-ASEAN Maritime Cooperation Fund set up by the Chinese government and vigorously develop maritime partnership in a joint effort to build the Maritime Silk Road of the 21st century. China is ready to expand its practical cooperation with ASEAN countries across the board, supplying each other's needs and complementing each other's strengths, with a view to jointly seizing opportunities and meeting challenges for the benefit of common development and prosperity. [1]

The two talks framed the full picture of the

---

① Xi Jinping, *The Governance of China* (Beijing: Foreign Languages Press, 2014) 293-295.

conceptual “Silk Road Economic Belt” and the “21st Century Maritime Silk Road”, which are collectively referred to as “The Belt and Road Initiative”. Between September 2013 and August 2016, President Xi visited 37 countries (18 in Asia, 9 in Europe, 3 in Africa, 4 in Latin America and 3 in Oceania), giving a full exposition of the Belt and Road Initiative, from its overall framework to various details. The milieus of peaceful and all-win cooperation, financial integration, trade liberalization, and people-to-people bonds dispel the haze of anti-globalization and inject new vitality to the stagnant world economy.

The Belt and Road Initiative has been received with global enthusiasm. On November 17, 2016, all 193 member states of the United Nations unanimously passed the Resolution No. A/71/9 during the 71st Session of the United Nations General Assembly. This resolution endorsed China’s Belt and Road Initiative, encouraged UN member countries to participate in the Initiative, and urged the international community to provide a safe environment for the implementation of the Initiative.

The Belt and Road Initiative is not a solo of China, but a symphony of countries from Asia, Europe, Africa and the rest of the world. By observing the Charter of the United Nations, China adheres to openness and cooperation, harmony and inclusiveness as well as policy coordination in order to bolster mutual political trust, reach cooperation consensus, coordinate development strategies, facilitate trade, and introduce multilateral cooperation mechanisms. China has established partnerships with over 100 countries and international organizations with the goal of jointly building a new Eurasian Land Bridge and developing China–Mongolia–Russia, China–Central Asia–West Asia, China–Pakistan, Bangladesh–China–India–Burma, and China–Indochina Peninsula economic corridors by taking advantage of international transport routes, relying on core cities along the Belt and Road and using key economic industrial parks as cooperation platforms. At sea, the Initiative will focus on jointly building smooth, secure and efficient transport routes connecting major sea ports along the Belt and Road, so as to achieve a closer connection and cooperation between land and sea routes, with the Pacific, Indian and Atlantic Oceans frequented by ships and vessels. Meanwhile, the Asia-Pacific Economic Cooperation

(APEC), the Asia-Europe Meeting (ASEM), the Greater Mekong Subregion (GMS) Economic Cooperation and many other regional cooperation mechanisms have included the Belt and Road Initiative in their relevant resolutions and documents.

We shall never forget the countries along the ancient Silk Road: Kazakhstan, the country visited by the Han Dynasty imperial envoy Zhang Qian; Pakistan, China's friendly neighbor bound by mountains and rivers; Russia, a country symbolized by a double headed eagle; Mongolia, the prairie country; Nepal, the paradise on the Himalayas; India, a land blessed by the holy river Ganges; Iran, a country full of cultural treasures; Iraq, the country where the famous *Code of Hammurabi* originates from; Yemen, the gate to the Red Sea; Saudi Arabia, the kingdom of petroleum; Bahrain, the pearl of the Persian Gulf; Lebanon, a country of cedars; Kuwait, a rising star of the Persian Gulf; United Arab Emirates, a diamond on the desert; Qatar, a gem on the Arabian Peninsula; Oman, the gatekeeper of the Hormuz Strait; Byelorussia, a country with myriad lakes; Turkey, the center of the crossroads of Eurasia; Israel, a country full of milk and honey; Ukraine, the granary of Europe;

Italy, the pinnacle of culture on the Apennine Peninsula; Switzerland, a country in the Alps; Bulgaria, the land of roses; Germany, a home to great minds; France, the cultural palace of Europe; Belgium, the drawing room of Europe; the Netherlands, a garden of tulips; Spain, the land of passion; United Kingdom, the country of gentlemen which is breaking from the EU; Egypt, a country of pyramids in North Africa; Ethiopia, the roof of Africa whose national flower is Calla Lily; Madagascar, the island nation where vanilla grows, and so on.

The Maritime Silk Road links Malaysia, a country of forests and gardens; Singapore, the flowery country; the Philippines, the country of a myriad of islands; and Indonesia, the emerald of the equator. Along the Lantsang River down to the south, we will pass Vietnam, the land nourished by the Mekong River; Thailand, a country of thousands of Buddhist temples; Cambodia, the home to Khmer smiles; Laos, the land of a million elephants; Sri Lanka, a bright pearl in the India Ocean; Mauritius, the shining star and key of the Indian Ocean; Brunei, a kingdom of gold and green; East Timor, a nation of independence; Maldives, a paradise in the India Ocean; Australia, the nation riding on the sheep's back; New

Zealand, the back garden of God, and so forth.

In the countries along the Belt and Road, names of distinguished figures, ancient or modern, who have affected the destiny of mankind, who have rewritten the history of nations, and who have had contacts with China, can still be found in today's textbooks, films and TV shows. We can still feel their enduring influence and charm on generations of young people.

Of course, for the Chinese people, the pioneers of the ancient Silk Road are more familiar. Yet, those who have devoted themselves to the building of the new Silk Road equally deserve our respect. In May 2017 during the Belt and Road Forum for International Cooperation, Beijing welcomed thousands of guests from around the world, including heads of state, heads of government, former politicians, business leaders, experts, scholars, and principals of international organizations. They gathered together in the common spirit of solidarity and mutual trust, equality and mutual benefit, inclusiveness and mutual learning, and win-win cooperation, to discuss how countries along the Belt and Road can work together to make the "pie" bigger and shared by all for mutual benefit.[①] This is a big day that should be remembered as a landmark in the history of the Chinese nation and the world.

The Biography Society of China, which makes it its mission to promote biography writing, shoulders the task and responsibility of telling well the stories of friendly exchanges among people of countries along the Belt and Road. This is also the fundamental duty and task assigned to us by our nation. Therefore, through careful investigation and passionate planning, the Biography Society of China decided to publish a hundred-volume series titled *Remarkable Lives Along the Belt and Road*. This project receives support from the China Federation of Literary and Art Circles and guidance from the National Institute of International Strategy of Chinese Academy of Social Sciences. From last winter till this spring, hundreds of experts were working around the clock on the biographies of a thousand remarkable lives. Here the series is presented to you.

As Confucius said, "Humanity is of humans". Let the lights of those great minds and lives illuminate our future

① Xi Jinping, "Promote People-to-People Friendship and Create a Better Future", Speech delivered at the Nazarbayev University, Kazakhstan, September 7, 2013.

path of exploration.

Comments, criticism and suggestions will all be appreciated.

Dr. Wang Li
Chairwoman:
The Biography Society of China
General Editor:
Remarkable Lives Along the Belt and Road
March 8, 2018

目　录

Contents

引　言

海上丝绸之路到了明朝，走向了历史的最高峰。在远洋航线上，代表着明朝政府的郑和下西洋的航队中有大型海船 62 艘，大船长 44 丈、宽 18 丈，可容纳 1000 余人，加上中、小船只，航队海船多达 200 余艘。出海人员除官员、军人外，还有舵工、班碇工、铁锚匠、木匠、搭材匠、水手、民艄等。此外管理人员有“办事”“书算手”等，还有负责翻译的“通事”以及随行医生等。以第一次航海为例，人员多达 27800 余人。

在民间对外贸易的航线上，有以江南第一巨富沈万三为代表的民间贸易集团，他凭借有利条件，开展对外贸易活动，商品辐射东南亚及世界许多国家，可以说，沈万三是中国海上丝绸之路的开拓者和领军人物，是中国明朝的国际贸易之父。当年他在新加坡和马六甲建立了庞大的商品基地，并辐射世界，用中国的陶瓷、丝绸等商品换取国外的珠宝玉器，他停靠在新加坡和马六甲口岸的商船有上百艘之多，他从事国际贸易的时间比郑和下西洋还早几十年。

回顾历史,从洪武元年（1368）朱元璋建立明朝起，到公元 1644 年也就是崇祯十七年，李自成农民军攻入北京，明朝灭亡。明朝历经 276 年，相继开创了洪武之治、永乐盛世、仁宣之治、弘治中兴等盛世。这期间出现了资本主义萌芽和雇佣经济，商品经济空前繁荣，文学创作辉煌，艺术流派纷呈，社会生活丰富多彩，是中国历史的黄金时期。明朝在政治经济各方面采取了许多切实的措施和做法。

一、在思想意识上，明朝坚持以礼法为国之纪纲，实行礼法结合的治国方略。

明王朝建立后，以开国皇帝朱元璋为代表的最高统治集团，在总结历史经验，特别是在吸取元朝亡国的历史教训中，最先形成了一套具有封建社会后期时代特点的立法思想，“明刑弼教”和“重典治国”原则就是其重要内容之一。

明朝开国皇帝朱元璋起自民间，亲眼目睹了元朝政治腐败、法度废弛以致亡国的整个过程，因此，当明朝建立以后，他认为自己所处的时代是一个“乱世”，当以“重典”治之，并且进一步总结“重典治国”的内涵包括重典治吏和重典治民，通过重典治吏和治民实现重典治国。

朱元璋像

朱元璋深知治吏在治国中的重要性，因此，他在治吏上坚持采取严厉态度："故今严法禁，但遇官吏蠹害吾民者，罪之不恕。"（《明太祖实录》）洪武年间，朱元璋屡兴大狱惩治贪官污吏，其凌厉作风无人能及。

推行重典治吏的同时，朱元璋也强调重典治民。亲历了反元政治风暴的朱元璋深知农民阶级反抗封建统治的巨大威力，因此，为了巩固新政权，他强调对于不服从治理的顽民要以严刑酷法加以惩治，以达到"民畏而不犯"的目的。

有鉴于元朝官吏的腐败和元末社会的动乱，明初统治阶级推行严刑峻法"重典治国"的方针是情有可原，不难理解的，自然有利于吏治清明和社会风气的好转。"一时守令畏法，洁己爱民，以当上指，吏治涣然丕变矣。下逮仁、宣，抚循休息，民人安乐，吏治澄清百余年。"（《明史·循吏传》）历史的进程证明，重点治国的思想和政策起到了促进社会发展的积极作用。

朱元璋在重视"重典治国"的同时，作为一个封建帝王，受中国几千年传统的儒家思想的影响，同样深知礼法在治国安邦中的重要作用。就在明王朝刚刚建立之初，朱元璋就一再强调："礼法，国之纪纲。礼法立，则人志定，上下安。建国之初，此为先务。"（《明太祖实录》卷十四）他对儒家思想和法家思想采取融合汲收的态度，形成礼法结合的治国方略，借以树立自己在明初思想意识形态领域的权威地位，促进了明初的政治稳定和社会发展。

建文帝朱允炆继位后，继承了先帝朱元璋的“明礼导民”的思想，坚持礼法两手并用，《明史·刑法志二》就是这样谈到了建文帝的：“盖太祖用重典以惩一时，而酌中制以垂后世，故猛烈之诏，宽仁之治，相辅而行，未尝偏废也。建文继体守文，专欲以仁义化民。”

二、在政治体制上，明朝大体上沿用前朝制度，明朝初年，朱元璋对不适应部分进行了大胆的变革和创新，亲自设计并参与制定一些重大的政治制度。

明朝的最高权力在皇帝一个人手里，先是废除了中书省，以原六部（吏部、户部、礼部、兵部、工部、刑部）直接对皇帝负责，后又采用内阁制来管理内部，由内阁向皇帝负责。到了仁宗、宣宗之后，具体的行政权逐渐向内阁和六部转移，皇帝不再过问，但同时又设立监察机构和特务机构，加强行政监督和管理。在地方设立三司，加强地方管理。

由以上可见，明王朝的政治制度变革由此形成了由中央到地方的行政权高度统一。最初朝廷的六部之职权仍沿袭唐宋的规制而未变。吏部是六部中最重要的一个，“视五部为特重”，具有“赞天子之治”的特殊地位。吏部也叫铨曹或铨部，总管官吏选任、升降及调动等人事管理。户部也叫计部。设尚书一人，正二品，左右侍郎各一人，正三品。礼部，也叫祠部、礼曹，掌管礼乐教化。设尚书一人，正二品，左右侍郎各一人，正三品。兵部是以武装力量保卫封建国家政权的机构，故其地位在六部中仅次于吏部，也叫枢部，枢曹。设尚书一人，正二品，左右侍郎各一人，正三品。刑部也叫比部、刑曹。掌管刑名，设尚书一人，正二品，左右侍郎各一人，正三品。工部也叫工曹、冬曹，掌土木营建及天下百工、山泽之政务。设尚书一人，正二品，左右侍郎各一人，正三品。

六部直属皇帝，从而便于皇帝控制，加强了中央集权制。但是，就六部的体制而言，已经打破了唐宋以来的“六部二十四司”制，而是根据实际需要分司办事，采取一竿子插到底的办法，以有利于加强中央集权和提高行政效率。

明初，中央中枢机构沿袭元制，本设中书省，有左右丞相，总理政务，下辖六部，权力很大。这对权力欲极强的朱元璋来说是很大的威胁，他把秦、汉、唐、宋、元各朝的覆亡，归咎于丞相“擅专威福”，权力过大，说，秦“设相之后，臣张君之威福，乱自秦起。宰相权重，指鹿为马。自秦以下，人人君天下者，皆不鉴秦设相之患，相从而命之，往往病及于国君者，其故在擅专威福”（《明太祖文集》）。洪武十年（1377），朱元璋命李善长、李文忠“总中书省、大都督府、御史台，同议军国重事”，此是借元勋重臣来压制中书省权力的一种措施。第二年他又下诏“令奏事毋关白中书省”，而“天下臣民凡言事者实封直达朕前”，这些做法无非是想架空中书省。洪武十三年（1380），朱元璋终于借口左丞相胡惟庸独断专横，以“生杀黜陟不奏径行”的擅权枉法罪名，将其处死，并趁机废除了中书省制度，亲自接管六部，罢去丞相官职。

中国历史上实行1000多年的宰相制度，到明代宣告结束，而由皇帝直接管理国家政事，这是中国古代社会行政管理制度上的重大变革。中国自秦汉建立丞相制以来至明初，宰相制度大致发生过5次重大变化：一为秦汉的丞相制；二为隋唐时的三省合议制；三为宋代的三省掌行政的大权，另设枢密院以掌军事大权；四为元代的中书一省制；五为明太祖、成祖后实行的皇权控制下的内阁制。历代相权的演变，表现上只是各朝各代宰相名称不同、人数的增减及其权力的相对集中或相对分散，其实质是统治者根据当时统治的需要和统治集团内部矛盾的变化，不断调节皇权与相权，以加强控制的结果。

明太祖朱元璋总想把权力抓在自己手里，他亲自领导六部，几乎所有的事情都要管，经常忙得晕头转向。所以到了明成祖时期，皇帝吸取教训，从翰林院翰林学士中挑选出一些他信得过的、有能力的人来帮他管理朝政。这些人是皇帝的亲信,他们经常在皇宫里行走,出入于文华殿、中极殿、武英殿、建极殿和东阁、文渊阁,这些地方就是他们的办公场所，所以人们称他们是“内阁大学士”，“内阁”成了新的替皇帝办事的机构。

内阁制度的确立，是封建皇帝加强专制统治的一种手段。内阁大学士们协助皇帝处理政务，包括人事、军务、征调或减免赋税、参加审判刑狱等方面的重要国政，以此实现朝廷和地方的统治。内阁作为皇帝的贴身秘书和助手，对当时的政治曾经有一定的影响，但在宣德（1426—1435）以后，大多数皇帝躲进深宫，与内阁大学士们商讨政务的情况越来越少，渐渐地与内阁疏远起来，后来甚至出现内阁大学士多年见不到皇帝的现象，他们已经不再是贴身秘书，实际地位和权势便向两个极端方向发展，一个极端是一部分首席大学士（俗称首辅），如嘉靖时期的严嵩窥测皇帝意图，掌握过较大的权柄；又如隆庆时期的高拱、张居正借皇帝懒怠、不问朝政的时机，控制内阁以推进改革；万历初期，张居正以师相之尊，内恃万历母亲李太后的信任，外因皇帝幼小，竟然独擅大权达 10 年之久，开拓出大改革的壮阔局面。但另一极端是，不少内阁大学士在未能获得皇尊御言的情况下，无所作为，但知保官守禄，尸位素餐，坐视朝政紊乱，国势颓危。宦官势力因而崛起。

三、在经济发展上，明代的经济无论是农业、商业还是手工业都表现出了新的增长趋势，特别是郑和下西洋之后对外贸易日趋频繁，促进了这一时期手工业及商业的繁荣发展。在明代的中后期，逐渐出现了新兴的资本主义萌芽。

明朝建立之初，受传统的抑商政策和观念影响，朝廷禁止各级官吏从事商业贸易，很多官吏也对经商没有兴趣。到了明中叶以后，随着手工业和商业的繁荣，官僚经商逐渐盛行开来，官员不分大小文武，不分皇亲国戚、宫里宫外，甚至一些地方官吏，只要有一点条件的，都抢着经商做买卖，经营手工业工厂。到了明中叶后期，人们对于经商的观念发生了重大变化，出现了一些重视商业的政治家、思想家，徐光启、李贽、许孚远是其中的代表。徐光启提倡要保护商人权益；李贽则提出封建政府应减税以“惠商”；许孚远坚持反对“海禁”，要求进行海外贸易。

明永乐三年（1405）六月十五日，明成祖命郑和率领庞大的由240多艘海船、27800名船员组成的船队远航，船队从南京龙江港出发，在江苏太仓刘家港集结，沿海南下，穿过台湾海峡和南海，再到东南亚各国，进入印度洋，其船队极为庞大，影响尤其广远。以后郑和每次下西洋都由太仓刘家港出发，一直到明宣德八年（1433），他一共远航了7次。郑和下西洋，与亚

郑和下西洋浮雕

非 30 多个国家直接贸易，最远到达非洲东海岸和红海沿岸。郑和下西洋发展的海外贸易包括朝贡贸易、官方贸易和民间贸易。郑和作为明朝的使者，每到一地，都代表明朝皇帝拜会当地国王或酋长，同他们互赠礼品，向他们表示通商友好的诚意。郑和还同各国商民交换货物，平等贸易，购回当地的特产象牙、宝石、珍珠、珊瑚、香料等。

明朝中后期，农业和手工业的发展带动了商品经济的繁荣发展，首先在江南丝织业发达的城市产生了资本主义的萌芽。这时，以生产商品为目的的纺织业逐渐兴起，并在江南一些地区发展成为独立的手工工场。例如苏州出现以丝织为业的机户，开设机房，雇用机工大批量地进行商品生产。机户和机工之间的雇佣关系是资本主义性质的生产关系。

江南一带丝织业发展，带动了江南的一些其他生产部门，在更广泛的经济领域稀疏地出现了资本主义萌芽。在我国古代汉唐兴盛发展时期，我国经济远比西欧各国发达，中国进入封建社会的时期比西方国家早得多，因此商品经济的发展水平较高。但是我国封建社会持续时间长，商品生产没能按照正常的速度发展到应有的规模和水平。明代中后期以后才出现资本主义萌芽，直到清朝晚期，西方列强侵入，我国封建社会才逐渐解体。封建生产关系越来越成为社会生产力发展的严重障碍，封建社会内部滋生的资本主义的萌芽受强大的中央集权的封建体制的桎梏，不能自由发展。资本主义萌芽就是在封建社会内部以剥削雇佣劳动为内容的资本主义生产关系的产生和发展，但它长期只处于萌芽状态。明末，这种萌芽又在东南某些手工业部门中零星出现，在农业中也有了这种现象。农业中开始有了若干从小商品经营者中分化出来的富农,在封建地主中也出现了经营地主。雇佣劳动在吴江、华亭、湖州、江阴、扬州、嘉兴等地均可见到。

在农业发展上，从明朝开始，由于新作物的引进、推广和原有作物的发展，农业生产的内容更加丰富，同时，由于农业中不同作物和不同部门的此消彼长，农业生产的结构也发生了重大变化。

我国自唐中叶以后稻麦上升为最主要的粮食作物，明、清时，稻麦的这种地位进一步巩固。明朝末年，宋应星在《天工开物》中曾对当时全国的粮食构成作了如下概括：

> 今天下育民人者，稻居什七，而来、牟、黍、稷居什三。麻菽二者，功用全入蔬饵膏馔之中。……四海之内，燕、秦、晋、豫、齐、鲁诸道，蒸民粒食，小麦居半，而黍、稷、稻、粱仅居半。西极川、云，东至闽、浙、吴、楚腹焉，方长六千里中，种小麦者，二十分而一。（宋应星《天工开物·上篇·乃粒》）

这一概括大体反映了当时的实际，但也正是这时，粮食生产中一场意义深远的变革正在悄悄进行中，那就是玉米、甘薯、马铃薯等高产新作物的引进和推广。它们适应了当时人口激增的形势，为中国人民适应贫瘠山区和高寒地区的自然条件，扩大适耕范围，缓解粮食问题作出巨大贡献。没有它们的推广，明、清时耕地的扩大和单产的提高都会受到极大的限制。

我国现今主要粮食作物，依次是水稻、小麦、玉米、高粱、谷子、甘薯和马铃薯，这是长期历史发展的结果，而粮食作物构成的这种格局，在明朝已初步基本形成了。

明代苏州的街市

在明朝，与农业结合得最密切、最悠久的是纺织手工业。以江南丝织业的发展为龙头，标示出明代中期社会经济发展的一种尺度。而纺织业中的“新军”棉织业，也在明代蓬勃而起，于是丝织、棉织并驾齐驱，但丝织多限于宫廷、官僚、富户之用，民间已渐以棉织为主要衣着用品。明代丝织品另一大去向就是出口，棉织品的出口还不多。

明代丝织仍分官织和民织两大系统。朱元璋虽是农民出身，自称为“淮右布衣”，但做了皇帝，就堂而皇之地按封建皇统办事，同样也要征调全国工匠来官方工场无偿劳动，专事制作高档丝织品。所以明代在丝织业等领域里产生的新时代的资本主义商品生产因素，不但不可能得到朝廷的支持和保护，反而受到很大抑制。

由于棉织业的兴起，明代丝织地区的范围相对缩小，但留下的却是精华所在，除吴越苏杭地区外，“川、楚、闽、广、齐、豫各有茧。”（方以智：《物理小说·花机》）

不过，明代丝绸已有“丝贵吴丝”之说，出口外销也如此，日本进口中国丝织品，就专以吴丝为上品。

苏州是明代最大的丝织城，苏州织染甲于全国。苏州织染局创于洪武年间，有房屋245间，织机173张，在居匠役计667名，规模甚大，织物缴纳朝廷内库，输运南京库藏。因此南京库藏内积藏了大批丝织品，郑和船队出航时，带去的丝绢锦绫多取于南京库藏，多为苏杭地区出品。

丝织业的发展，促进了江南地区的经济繁荣，如吴江县原是江南水乡僻地，不事丝织，宋元之间，还只是州郡里有人经营此业，到了明代的洪熙、宣德年间（1425—1435），县里的富户开始进行丝织业生产，但往往还是聘雇府里的匠手来织挽。到了成化、弘治年间（1465—1505），吴江县人就已精于此业了。富者雇织，贫者自织，连原来贫困的小镇——盛泽镇，在明代后期也已是“镇上居民稠广……俱以蚕桑为业。男女勤谨，络纬机杼之声，通宵彻夜。那市上两岸绸丝牙行，约有千百余家，远近村坊织成绸匹，俱到此上市。四方商贾来收买的，蜂攒蚁集，挨挤不开，路途无伫足之隙。乃出产锦绣之乡，积聚绫罗之地”（《醒世恒言·卷十八》）。

明代对外贸易的出口产品，还是以丝瓷为主，但丝织品占首位。永乐十九年（1421），明朝廷派遣著名宦官、著名航海家侯显出使古佛国招纳村儿（印度中部一小国），就带去“各色纻丝纱锦等物，并给赐各番王人等纻丝物件”，说明官方易货贸易主要用丝织品为平衡手段。

可以这么说，随着朝代的更迭，科技也在悄悄进步，一代又一代接力式创新和发展，使原来在汉代被视为天堑的大海，随着造船术和航海术的发展，已经变成通途，随着海上丝绸之路的不断开拓，一个由海洋联系着的世界已经展现在人们眼前。

明朝，同样也涌现出一批对丝绸之路和国家对外交往做出巨大贡献的人，他们中有永乐盛世的开创者朱棣；海外贸易的商业富豪沈万三；三进西域的明朝使臣陈诚；明朝航海第一人郑和，以及郑和船队的外事翻译费信、郑和下西洋的记录者巩珍、马欢等。

明代在浩瀚的历史长河中留下的文明足迹，是作为 21 世纪的我们不可不去领略的风景。明朝把中华文化发扬到一个新的高度，是明朝以最庞大的船队和最遥远的航行，一次又一次地向西方世界展示中华文明与丝绸之路辉煌灿烂的文化。明朝文化不仅在中国历史上有着深远的影响，而且对周边国家和地区也有着深远的影响。

让世界看见中国的帝王——朱棣

明成祖朱棣（1360—1424），出生于应天府（今南京），明太祖第四子，被封为燕王，大明第三位皇帝。建文四年（1402）在南京登基，因其年号永乐，故后人称其为永乐帝、永乐大帝、永乐皇帝等。

永乐帝在位期间，致力于朝廷的机构改革，设立内阁制，以加强对朝廷各部的全面控制；在军事上，他很注重保境安民，曾经5次亲征蒙古，并且收复失地安南，维护了中国领土的完整，而且还在西南设立底马撒、大古剌、底兀剌等宣慰司；在西北设立了哈密卫；在东北设立奴儿干都司；另外又设立了

永乐皇帝朱棣像

贵州承宣布政使司；在对外交往上，永乐帝尤其重视海外的经济文化交往，他曾 7 次派郑和下西洋，极大地促进了中外的友好往来以及对南海的管辖；在文化上，他命人编撰《永乐大典》；在交通上，他疏浚大运河。这都是他在世时做的几件功德无量的事。明永乐二十二年（1424），朱棣就在北征回师途中去世，最后葬在了长陵，庙号太宗，一直到明世宗嘉靖时期才改为明成祖，谥号启天弘道高明肇运圣武神功纯仁至孝文皇帝，简称文皇帝。明朝在朱棣的统治下，政通人和，经济繁荣，国家强盛，史称“永乐盛世”。

1. 志向不凡的少年王

元代至正二十年（1360），朱元璋第四个儿子朱棣出生，战乱时期，朱元璋的心思全在战争上，直到元至正二十七年（1367），朱元璋才有时间为儿子取名字，为此他特地举行了盛大的仪式，祭告太庙，给老大取名叫朱标，老四取名叫朱棣，这个时候朱棣都已经虚岁 8 岁了。

洪武元年（1368），贫农出身的朱元璋建立明朝。他力图使新的王朝有新的气象，但多年争权夺利的斗争，也使得他战战兢兢，最后的结果是以废除宰相、杀戮功臣来解决后顾之忧。朱元璋成了中国历史上权

姚广孝像

力最大的皇帝，可这也使他走到了一个极端，认为其他人都不可靠，唯有自己的骨肉至亲最靠得住。所以他又分封子弟，以为屏藩。朱棣虽然没有尺寸之功，但因为是朱元璋的儿子，11 岁时就被封为燕王，18 岁时，与朱元璋手下大将徐达的女儿成了亲，徐氏为此后朱棣夺取天下起到了不小的作用。

明朝的正史记载着朱棣的生母是马皇后，实际上这也是朱棣称帝后篡改史书的结果，为的就是皇位的合法性来源，他的生母其实是碽妃。洪武十五年（1382），马皇后病死，她虽然一生未曾生育，但朱棣兄弟几个从小就是马皇后养大的，马皇后对其视同己出，朱棣与马皇后感情也很好，所以朱棣星夜前往南京，为马皇后送葬。待丧事完毕，要回去的时候，为表示孝心，朱棣请求父亲朱元璋派高僧随他一同回藩府，以为马皇后诵经祈福。这个人正是僧名道衍的姚广孝，由此两个具有雄才大略的人见面了，姚广孝成为朱棣夺取天下的第一谋士。传说两人见面时，都感到对方气度非凡，于是有惺惺相惜之感。姚广孝就对燕王朱棣说："您骨相非常，英武冠世。如果您把我要到您的藩府中去，我必当送一顶白帽子给大王您戴。"这句话的寓意是"王"上加"白"为"皇"字也。这更符合朱棣的心意了，于是就把姚广孝带到了身边。

2. 对权力的追逐

朱元璋分封藩王的制度，为建文帝带来了灭顶之灾。洪武三十一年（1398），朱元璋去世，由于皇太子朱标几年前就已去世，所以朱标之子朱允炆继位，年号"建文"，这就是建文帝。建文帝上台后，意识到了诸位叔父藩王对自己的威胁，着意削藩。现在看来，以燕王朱棣的抱负，削不削藩他都得反。据说有一次朱棣和姚广孝在一起对对联玩儿，朱棣的上联是："天寒地冻，水无一点不成冰。"姚广孝对的下联是："世乱民贫，王不出头谁作主？"这是因为姚广孝明白朱棣的抱负，鼓动他起兵。

果然，在姚广孝等谋士的鼓动和出谋划策下，朱棣很快起兵，连战连捷。建文四年（1402），朱棣取得"靖难之役"的胜利，在南京登基，1403 年改年号永乐，取天下永远康乐之意。建文帝则不知所踪。

以朱棣当时面临的形势来看，如何管理多民族的国家是个最大的问题，其中尤以北边蒙古诸部威胁最大。所以他决定在其他地区尽量争取和平局面。在这样的指导方针下，永乐七年（1409），朱棣在东北设置奴儿干都指挥使司。“奴儿干”，清代也作“尼噜罕”，为满语“图画”之意，亦即这一带山水美丽如画。到万历年间，奴儿干都司下辖408个卫所。根据现在考证出来的成果，奴儿干都司大体的管辖范围为：西起鄂嫩河，北至外兴安岭，东至大海，东北直至库页岛，朱棣在库页岛上设置的是囊哈儿卫。永乐十一年（1413）朱棣还在奴儿干都司旁边的永宁寺立了一块永宁寺碑，记载了设立奴儿干都司的经过，这表明在永乐时黑龙江流域就已经被明朝政府有效管辖。

在西北，当时天山南北分裂为很多割据政权，互相征战。永乐四年（1406），朱棣设立哈密卫，打开了通往中亚各国的交通要道。哈密卫即今新疆哈密，地理位置优势明显，当时中亚国家若要到明廷朝贡，必先到哈密，由哈密卫翻译进表，并派人护送进京。可以说，通往中亚的陆上丝绸之路正是以哈密卫为枢纽维系的。朱棣也特别重视与西域以及中亚国家的联系，曾多次派使节出使，其中最著名的就是陈诚，他与正使李达一起，于永乐十二年（1414）春天出发，访问了撒马尔罕、哈烈、达失干（今乌兹别克首都塔什干）

等地。回国后，陈诚写了《使西域记》一书上呈（这实际上就是出访报告），留下了宝贵的资料。

在西南，朱棣也着力经营，力图在条件成熟的地方进行改革。西南地区族群众多，情况复杂，原来一般由当地的首领任土官进行管理，但土官可以世袭，割据性强，阻碍中央集权，他们互相攻杀，又阻碍了当地经济社会发展。所以朱棣下决心以内地的行政体制，委派有一定任期的流官担任当地的长官，以取代世袭的土官，这就是“改土归流”。朱棣最大的功绩是设立了贵州布政使司，使贵州渐同内地。

在西藏，朱棣尊崇藏传佛教，对一些宗教领袖进行封赠，如封“大宝法王”和“大乘法王”等，并以茶马贸易来维系西藏与内地的关系。

3. 派遣郑和下西洋

朱棣的名字总是和郑和下西洋联系在一起。实际上，朱棣在位时，他的一个对后世影响深远的举措就是派遣郑和下西洋。明朝开国之初，因为张士诚、方国珍余部跑到海上与倭寇勾结，成为肆虐沿海的海盗，所以朱元璋断然实施了海禁政策，废止市舶司。于是，合法的对外贸易只有朝贡贸易一途。这是朱元璋试图重建以海洋为媒介的国际秩序的尝试。朱棣即位后，因是藩王起兵夺权，所以在权力的合法性来源上大打折扣，但四海来朝则是权力合法性的一个有力标志。加之为了突出“祖制”，朱元璋的一些政策他必然要维系，故在海禁基础上重建海上国际秩序、宣扬和平理念这一点上，他要全力去完成。另外还有诸如寻找建文帝踪迹等现实目的，使得他作出了下西洋的决定。

从永乐三年（1405）至宣德八年（1433），郑和共7次下西洋，其中前6次是在朱棣的主导下进行的。从元至明，“西洋”的语义也有一个转变的过程。在郑和初下西洋时，“西洋”指的是今天的印度洋至波斯湾、北非红海一带，但到了随郑和出使的随行人员著成《西洋番国志》等书的时候，已经把下西洋所到的国家和地区，包括占域、爪哇、旧港等国，一律列入西洋诸番国，使得“西洋”的含义进一步引申为海外诸国之义。

朱棣之所以作出派人下西洋、开拓海上丝绸之路的战略决策，也有现实的需要。宋代以后，中国的经济重心南移，元朝持续地保持了江南的繁荣，实行重农但不抑商的政策，于是，海外贸易非常繁荣，时人有诗曰：“甬东贾客锦花袍，海上新收翡翠毛。买得吴船载吴女，都门日日醉醺醪”（马祖常：《绝句》），就是这种繁荣的写照。元末，沿海一带海盗猖獗，也从另一方面说明了海上贸易的繁荣。与此相对应的，是航海术、造船术等科学技术发展起来，能够满足远航的物质条件。郑和乘坐的宝船巨大，建造如此巨大的船舶需要动员全国的造船力量。而且郑和下西洋，带领人数多次都是近 3 万人，耗费巨大。据统计，仅前 3 次下西洋，就耗费 600 万两左右的白银，虽然也带回来无数的宝物，但郑和下西洋仅从经济上来说，是“赔本”的买卖。经过明太祖朱元璋的开拓，到永乐帝朱棣这里，经济已经比较繁荣了，明朝政府能够负担这笔庞大的开支。另外，明朝统一的政治形势和集中的皇权也为如此大规模的远航提供了制度保障。

郑和在永乐年间 6 次下西洋，一度远航到非洲东海岸，麻林（今肯尼亚一带）等国还随船前来贡献麒麟（长颈鹿）等方物。永乐时期，各国贡使不绝于途，有 4 个国家的国王 7 次来华，都受到朱棣的热情款待，也给历史留下了中外友谊的佳话。可以说,郑和下西洋，达到了明成祖对外宣传“共享太平之福”的和平理念目标，开拓了海上丝绸之路，使得海外诸国纷纷前来朝贡，由此重启海上贸易秩序。

朱棣一方面实施海禁，一方面又派遣郑和下西洋，可以说，在潜意识里，他已意识到海洋的重要性。

延伸阅读

明代的外交机构的设置

明朝礼部“掌天下礼仪、祭祀、宴飨、贡举之政令”(《明史·职官志》)。“部长”为尚书，“副部长”为侍郎（左、右侍郎各一人）。礼部尚书官正二品，侍郎为正三品。礼部下属仪制、祠祭、主客、精膳四清吏司。其中主客、仪制二司是主管外事的部门。主客郎中（主客司最高长司）为正五品官。仪制郎中兼管的外事方面工作有朝贺、朝贡、宴飨、献俘等。礼部下属铸印局对受明朝册封的外国国王铸王印。“外国王印三等：曰金、曰镀金、曰银”(《明史·职官志》卷四十八)。

礼部主客司“分掌诸蕃朝贡、接待、给赐之事。诸蕃朝贡，辨其贡道、贡使、贡物远近多寡，丰约之数，以定王若使迎送宴劳、庐帐、食料之等，赏赉之差。凡贡必省阅之。然后登内府，有附载货物，则给直（按价付款)。若蕃国请嗣封。则遣颁册于其国。使还，上其风土、方物之宜，赠遗礼文之节。诸蕃有保塞功，则授敕印封之。各国使人往来，有诰敕则验诰敕，有勘籍则验勘籍，毋令阑入。土官朝贡，亦验勘籍。其返，则以镂金敕谕行之，必与铜符相比。凡审言语，译文字，送迎馆伴，考稽四夷馆译字生、通事之能否。而禁饬其交通漏泄”（《明史·职官志》）。由此可知明朝接待外国来使和处理贡物及官方贸易的一系列程序。“勘籍”和“诰敕”相当于今时的外交官护照，送迎馆和四夷馆都有一批精通外语的“译字生”和“通事”；明朝的外事保密制度也从此文可见：翻译人员必须禁饬“交通（外交）漏泄”。四夷馆全名是“提督四夷馆”，受制于太常（初属翰林院），听令于礼部。提督四夷馆长官为少卿，高主客郎中一级，为正四品（《明史·职官志》），“掌译书之事，自永乐五年（1407），外国朝贡，特设蒙古、女真、西蕃、西天、回回、百夷、高昌、缅甸八馆，置译字生、通事（通事初隶通政使司），通译语言文字。正德中，增设八百馆（八百为国名，今

鸿胪寺旧址

泰国北部、缅甸东北部一带），万历中，又增设暹罗馆（专译泰文）”。译员的选拔初“选国子监生习译，宣德元年兼选官民子弟，委官教肄，学士稽考课程”（《明史·职官志》）。

明朝沿设鸿胪寺，“掌朝会、宾客、吉凶仪礼之事”（《明史·职官志》）。诸蕃入贡，由鸿胪引奏。而一般出使国外的工作由行人司担任。“行人司，司正一人（正七品），左右司副各一人（从七品）。行人三十七人（正八品），职专捧节、奉使之事”。“行人”相当于传令之官，不只是“出国”传谕，“凡颁行诏敕，册封宗室，抚谕诸蕃，征聘贤才，与夫赏赐、慰问、赈济、军旅、祭祀，咸叙差焉”。朝廷重大出访，不会派“行人”之官为使团长，另选皇帝亲信，如郑和使日和出使南洋诸国等。“行人”一般作为副使和随员。

明朝使臣多中官，即皇帝身边的亲信，如尹庆、侯显、郑和等。

明沿宋、元之制，分设市舶提举司专管对外贸易。《明史·职官志》载：“市舶提举司，提举一人（从五品），副提举二人（从六品）。其属，吏目一人（从九品）。掌海外诸蕃朝贡市易之事，辨其使人表文勘合之真伪，禁通番，征私货，平交易，闲其出入而慎馆款之。”由于沿海常受到倭寇的侵扰，明政府一度禁止或限制海上贸易，这主要是为了国防安全，并不是故意中止明初以来的对外开放政策。《明史》卷七十五载曰："吴元年置市舶提举司。洪武三年罢太仓、黄渡市舶司。七年罢福建之泉州、浙江之明州、广东之广州三市舶司。永乐元年复置，设官如洪武初制，寻命内臣提督之。嘉靖元年，给事中夏言奏倭祸起于市舶，遂革福建、浙江二市舶司，惟存广东市舶司。"

明朝重仪礼，对"外国君臣冠服"有特别规定，《明史·舆服志》记载：洪武二十七年（1394），"定蕃国朝贡礼仪，国王来朝，如赏赐朝服者，服之以朝"。"嘉靖六年（1527），令外国朝贡人，不许擅用违制衣服。如违，卖者、买者同罪。"凡外国国君（如高丽、苏禄王）或使臣来朝访，明朝有专门的乐队、仪仗队，奏乐（国乐及"夷"乐）、鸣炮、赐宴。永乐三年（1405）九月，在福建、浙江、广东3市舶司内分别设来远驿馆、安远驿馆、怀远驿馆接待外来使臣和贸易商人。国外史书记载：外国使臣进见明皇，须行三跪九叩之礼。

明朝边患不断，前期以倭寇、海盗为害最大（倭寇不仅是日本浪人，还有叛明的海贼）海盗常伪装成外国来使或商人突袭沿海，外国不法官商、民商也趁机走私，因此明初推行了"勘合"制度，除规定外国按期入朝（不得超次），即按"常制三年一贡"（日本为10年一贡，见后文）外，还发给各国入贡使臣以作为下次来朝时的外交证明。郑舜功著《日本一鉴·穷河话海》记："勘合与四夷起于洪武壬戌（即洪武十五年，1382），时外国入贡真伪难辨，乃以礼部立勘合文簿，给予暹罗、占城、琉球等国五十九处。凡入贡时赉给勘合，于各自布政使司比对，相同，然后支遣。"这种制度，对防止海贼冒充使节和商人，禁止外国不法官使走私活动，起到一定的作用。但由于进贡能获得超值的回赐，不少国家不守"三年一贡"和对来人来船的数额限制，有的国家甚至一年几贡，而且贡使人数大大超过限额。

明朝对外开放时期，朝贡国有 100 多个，有些是一国几"贡"，以讨多份"回赐"。为了限制朝贡，明政府还实行入贡登记制度，受明诏谕之国，礼遇颇高，允贡时差较短。未受诏谕者，初次入贡要进行登记，下次再贡时要看是否符合时差（如 3 年允贡、8 年一贡或 10 年一贡等）。"诸蕃贡物至，边臣验上其籍，礼官按籍给赐。籍所不载，许自行贸易。贡使即竣，即有余货，责令携归"(《明史·西域传四·天方》)。

对持有国书的外国使者，明朝皇帝一般都要亲自接见并重赏来使，回赐礼品给来使国国君。不带国书者，明皇一律不见。俄国使者伊万·彼德林一行于万历四十七年（1619）到达北京，尽管受到热情招待并获准贸易，但由于未带国书，万历帝拒绝召见。

明隆庆时期的改革开放

明朝初年厉行海禁，朱元璋三令五申，不许“片板下海”，既不许外商来华，也禁止华商出洋，把中外物产交流严格限制在“朝贡贸易”之内。郑和下西洋即此实例。但是时代潮流不可阻挡，由于明中后期中国出现资本主义萌芽，商品经济发展，沿海人民特别是海商迫切要求开放海禁。于是有隆庆元年（1567）福建巡抚都御史涂泽民上疏“请开海禁，准贩东西二洋”之举。

张居正像

明嘉靖四十五年（1566）十二月嘉靖帝驾崩，隆庆帝即位，著名改革家张居正（1525—1582）入阁当家，隆庆帝立即准奏。正如后任福建巡抚许孚远所说：“隆庆初年，前任巡抚涂泽民鉴前辙，为因势利导之举，请开市舶。易私贩而为公贩，议止通东西二洋，不得（通）日本倭国。亦禁不得以硝黄、铜铁违禁之物夹带出海，奉旨允许。几三十载，幸大盗不作，而海宇宴如。”（许孚远：《疏通海禁疏》，转引自晁中辰：《隆庆开放与华南经济》，见《中外关系史论丛》第五辑，书目文献出版社 1996 年版）

张居正，字叔大，号太岳，湖北江陵人。从小以神童著称，16 岁中举人，23 岁中进士，后在翰林院 20 年。嘉靖四十五年（1566）嘉靖帝驾崩，隆庆帝即位，张居正入阁。隆庆六年（1572）隆庆帝驾崩，万历帝只是 10 岁的小孩，高拱、张居正、高仪为顾命大臣，辅佐小皇帝。当时万历帝一登基，太监冯保、内阁大臣高拱和张居正成为左右明朝政局的 3 个重要人物。后皇帝老师、首辅大臣张居正联合冯保，排挤高拱，独揽大权，大刀阔斧进行改革，颁布新法——《清丈法》《一条鞭法》《考成法》。此外他还任用名将戚继光练兵，剿平浙闽粤的倭寇，后将其调至北方，加强对鞑靼的防御；并起用潘季驯主持治理淮河黄河，都有显著成效。

《清丈法》。万历六年（1578），张居正下令全国清丈土地，确定应交赋税，查处许多隐瞒的土地，纳税土地从 400 多万顷增至 700 万顷以上。此法不仅增加了国家财政收入，还遏制了豪农地主的土地兼并，减轻了农民负担。

《一条鞭法》。此法又称《条编法》《总赋法》，就是对明代中期以来的国家赋税制度进行改革。明朝赋税繁苛，人民不堪负担，起义不断，而《一条鞭法》主要内容是简化税制。先将赋和役分别归并征收，后将扰民最重的役逐步并入赋内；原来10年一轮的里甲改为1年编派1次；赋役普遍用银折纳；本来征收起解由人民自理，现改为官府办理。此外赋役以外的"土贡"、杂税也合并征收。万历年间（1573—1619）普遍推行，收到良好效果。此法最大的特点为由实物税转入货币税，稳定国库收入，是中国田赋制度的一大改革。但因豪强地主阻挠，统治者又不断加派赋役，并未彻底施行，各地实行情况也不一致。

《考成法》。该法规定，天下百官对内阁负责，督促官吏勤政廉政，政绩与乌纱帽挂钩，政绩考核成为法律。官员大多秉公执法、政治廉洁，可以说国民两利。

隆庆年间改革开放收到了很大效果：第一，推动了华南私人海外贸易的发展。隆庆改革开放的同一年，正式开放福建漳州的月港，在此设置海澄县，并建立督饷馆，专门管理私人海外贸易，月港顿时繁荣起来。此举不仅开发了新的月港，也带动了老港（广州和澳门）的兴盛。还有如安平（泉州以南约30千米）、梅岭和台湾的鸡笼，也呈现一派繁荣景象。安平后来是郑芝龙海商集团的总部所在地，成为对日贸易的主要港口。第二，国库收入大增。万历四年（1576）月港税收万金，万历十一年（1583）增至2万余金，万历二十二年（1594）再增至29000余金。第三，促进了华南商品经济的长足发展。对外贸易发展，反过来又促使国内商品经济进一步发展。白银内流一方面解决了国内银荒问题，另一方面助长了国内手工业的发达。据统计，隆庆开放后的七八十年间，通过各种渠道从吕宋、日本流入中国的白银约1亿两，相当于明嘉靖年间44年和万历年间25年的赋税收入。

关于隆庆改革开放的历史意义，山东大学历史系晁中辰指出："16世纪后期的隆庆开放是中国的一次历史性机遇，华南最先利用了这个机遇，最先和海外市场联系在一起，所以华南经济在此后表现得最富有生机。而隆庆开放后的华南诸港口则主要进行海外贸易，从而使中国逐步进入新形成的世界市场。史实表明，海外贸易有力地刺激了国内商品经济的发展和资本主义萌芽的滋生。"（晁中辰：《隆庆开放与华南经济》，《中外关系史论丛》第五辑，书目文献出版社1996年版）

海外贸易的商业富豪——沈万三

沈万三（？—1376），本名沈富，字仲荣，俗称万三，万三者，万户之中三秀，所以又称三秀，作为巨富的别号，元末明初商人、巨富。

沈万三能够发家致富，迅速成长为江南一带首屈一指的大富豪，主要依靠的是海外贸易，他所在的周庄之所以能够“以村落而辟为镇”是因为他的海外贸易做得红火，而使地方迅速繁荣发展起来。当地民间传说也只有一个，沈万三能够成为大富豪是因为他有一个聚宝盆。这也从侧面透露出，当时的沈万三的确富可敌国，且生财聚财技巧高超。

直到现在，在浙北和苏南地区还流传

着诸多关于沈万三的传说，除了他的致富经、家产、田地外，还有许多关于沈万三家庭生活的故事。

1. 初涉世界

600 多年来，关于这位元末明初的富豪沈万三的传奇故事，在民间广泛流传，可以说他的富豪事是一个诡奇的历史之谜。那么，沈万三到底是怎样从一个一无所有的人变成腰缠万贯的江南第一富豪的呢？又是怎样招致不测被朱元璋发配云南，从富豪顶峰跌落后，在他乡度过了怎样的晚年？那个古镇周庄神秘的银子浜下到底有没有埋着沈万三的墓冢，以及那令人垂涎的聚宝盆？古城大理、丽江与古镇周庄之间到底有什么样的关系？

沈万三像

沈万三的身上充斥着神秘与团团疑云。关于他被发配云南以后的事，所有记载都语焉不详，民间对此更是众说纷纭、莫衷一是。

元末至正年间，在苏州的昆山县，有一个小镇——周庄，这里曾出了一个极善滚钱的大商人，此人后滚成了个富甲天下的大巨商。至今他的老家水乡周庄已成了一处极著名的旅游胜地。随着这小镇的名声日益飞扬，知道这个大巨商的人也越来越多了。

元顺帝至元年间，沈祐带着两个小儿子迁居到周庄镇东垞。在迁居前，沈祐一直居住在江南水乡的太湖之南的南浔，而此次迁居至此的原因，竟是为了儿子。

在迁居前，沈祐有 4 个儿子，大儿子沈福、二儿子沈禄、三儿子沈富、四儿子沈贵。沈祐依给这 4 个儿子依次排名起了万大、万二、万三、万四。“万”极言其丰，数字为排行。

沈祐的大儿子和二儿子，虽然名为沈福、沈禄，但却无福无禄。沈福 8 岁因患上天花而夭亡。沈禄 6 岁时在门前的河边玩耍，不小心掉入河中，溺水而亡。两个儿子接连死亡，沈祐心中慌乱，叫来算命先生看看到底什么地方犯了煞。算命先生对沈祐说：“要想保住下面两个儿子，必须尽快搬迁，离开这断子绝孙之地。”沈祐听从算命先生的建议，携妻带子搬到了妻子王氏的娘家——昆山周庄。

元朝统治期间，四川、河南、广州等地一直都有农民起义。再加上旱涝灾害和大瘟疫，老百姓日子过得很苦，到处都是灾民。

沈万三一到周庄，就认识了一帮不好的朋友。他拿着母亲给的钱，买了一些新蚕到外地卖，赚了一些钱。本来想带回家到父亲面前显摆显摆，让父亲知道经商的好处，支持自己经商。

结果一同卖蚕的朋友拉着他上了画舫彩船，涉世不深的沈万三刚赚到一笔钱，正在兴头上，被朋友一鼓动，就跟着去玩了，还赌了几把。一夜之间，他赚的钱就全没了。

这是沈万三第一次从成功直接跌到失败的深渊，不过身无分文的他首先想到的不是自己命不好，或者上天不垂青自己，也不是埋怨那些拉他下水的人，他很冷静，他知道越是失败的时候越不能急躁。就像跌在沼泽里，越挣扎只会陷得越深。他静下心来想着怎么再翻身，想了一会儿，办法没想到，肚子却想饿了。没有钱的他只好去乞讨，沈万三最大的优点就是识时务，不会假清高，不会在肚子饿的时候还守着自尊。

可惜讨饭也不顺，他敲了几家的门，都没人。那时节兵荒马乱，十室九空，也不奇怪。最后终于被他敲开了一扇门，结果人家没有饭，只有一堆公鸡毛。换成别的乞丐，看到这不能吃不能卖的公鸡毛，肯定会扔掉。可是沈万三没有扔，这一大堆色彩艳丽的公鸡毛让他想起了父亲早些年的手艺行当：用公鸡毛可以制作玩具。

于是沈万三就收拾起公鸡毛，用泥土代替小粉（汰面筋滤出来的面粉），心灵手巧地制作出了几件泥雀鸡，这玩意儿一做出来，很快就被孩子们买走了。沈万三有了活命的办法，就开始靠制卖泥玩具度日。但是靠卖泥玩具钱来得太慢，他又想起赌博了，没人拉，他自己就去赌了，这回倒让他赢了一些钱。这样的日子不是长久之策，沈万三怎么也不甘心这样，他就再也待不住了，他觉得待在家里只是浪费自己的生命，他求母亲放他出去。

泥玩具

沈万三不愿意做个书呆子，走不了科举之路的他只好把目光转向了经商。沈万三是明智的，可惜生不逢时，当他刚离开学堂，想要靠聪明才智发家致富的时候，伯颜倒台了，元顺帝又恢复了科举制度。当他想回到学堂的时候，又发生了天灾，洪水冲毁了他的家，瘟疫横行，到处都是死人。元顺帝为了治理水患，加重了徭役，老百姓的日子苦得没法过，吃饭都成问题了，谁还会想着功名。

等到天灾人祸平息，沈万三已经对科举之路绝望了，他下定决心要做一个商人。买东卖西，赚了钱一样可以买官做。

沈万三决定上北方去看看。那时候元朝的首都已经定在北京，江南水乡虽然富庶，但要想做大事，沈万三觉得还是得去京城这种政治文化经济的中心看看。

因为是乱世，到处都有抢劫的劫匪、造反的义军以及被打败的散兵游勇，所以一路上沈万三可以说是历尽艰辛。不过他很享受这一切，他觉得这些经历都是财富。乱世虽然凶险，却也容易出英雄和奇才，乱世是普通百姓的炼狱，也是有志之士的天堂。

那是在一个小城里，沈万三在街上闲逛，想着靠手上不多的钱，看看能做点什么生意。看到一家药店的生意不错，沈万三就凑了过去。乱世之中，伤亡众多，药材自然走俏。沈万三想着自己是不是进一批药材来卖。正想着，突然来了一伙人，手里都拿着刀，二话不说就把买东西、卖东西的人都踢翻了，沈万三赶紧躲到墙角的桌子下面。看着一群人打砸抢，沈万三心痛极了。那批人显然不是为财来的，他们的目标也在药材上，估计是他们中的某个领头的人受伤了，而且伤得还不轻，他们拿的全是救命的药。

店主人想理论，那伙人就把所有人都绑了，包括躲在桌子下面的沈万三。沈万三说自己只是路过此地来买点药材，可是没人信他，那些官兵甚至都不想搭理他，听他嚷嚷得烦了，就把他的嘴用破布堵上了。被堵上嘴的沈万三和那些劫匪一起，被带到了大牢里关了起来。

看着阴暗潮湿的大牢，沈万三有点绝望了。这时候有个劫匪走过来用牙把沈万三嘴上的破布扯掉了。那劫匪说，官兵经常会把外地人当成劫匪抓起来。那时候官府有明文规定，抓到一个反贼重赏白银 500 两。很多无辜百姓就像沈万三一样莫名其妙地就被抓了起来，抓满 50 个，就被割了头送到上级官府那里领钱。

跟沈万三说话的劫匪叫张士信，是张士诚的弟弟。这时候张士诚已经攻占了泰州、兴化等地，在高邮建立了大周国，自封诚王。这次张士信微服渡江南下，是去探查常熟、苏州、松江、常州等地的情形的。

张士信是在回高邮的路上被误抓进来的，元兵还不知道他的身份，所以也把他和沈万三等人关在一起。这几日张士信没少发展下线。当初张士诚和他的 18 个兄弟率领盐丁起兵反元，张士信是那 18 人之一。所以张士信知道自己死不了，这里离高邮不远，他被抓的消息肯定已经传到诚王府了，不久张士诚就会带大军压境，到时候不但要救他这个弟弟，连这附近的城池都要被义军纳入囊中。

元朝的天下坐不了多久了，张士信想劝沈万三加入他们，但沈万三执意要经商，没有答应。不过他很支持起兵反元的行为，他想汉人拿了天下，以后他做生意应该会更方便一些。他答应出去赚到钱就送到义军手里，从经济上支持义军。

沈万三在狱中无意间结识了张士诚的弟弟张士信，听张士信分析了一番天下局势之后，他意识到了人脉的重要性。元朝的天下已经要完蛋了，新的皇帝朱元璋还没有多少实力，如果这时候能和这些未来的皇帝搭上关系，那以后做起生意来就方便多了。也只有在这乱世之中，这些未来的皇帝才会

陈友谅像

愿意结识他这么一个小商人，等这些皇帝坐稳了江山，你再想去结识他们，那就一点机会也没有了。

沈万三决定出了监牢之后就继续北上，要认识下占着湖北和江西的陈友谅，还要认识下安徽的郭子兴，再加上苏北的张士诚，据张士信分析，未来的天下就在这三人手中，要么像三国时期那样三足鼎立，要么一人独大。

一般人入狱后，首先想到的就是自己的性命问题。即便有人跟他说会有大军来救，他身在牢里，也不可能不担心。而沈万三呢，虽然还在牢里，心却早飘到了生意场上，他想着认识了这些义军之后，能和他们做点什么生意呢？

这次沈万三入狱就是因为去了药材店，那些劫匪也在抢药材，义军终日操练行军打仗，难免会有损伤，肯定需要药材。想到这里，沈万三决定出了监牢就做药材生意。

可惜理想和现实总是有很大距离。没过几天，张士诚确实来救张士信了，可是沈万三不愿意随着人家去打仗，人家出了监牢就跟他道别了。剩下自己一人的时候沈万三才想起来，自己随身带的钱财早在入狱的时候就被元兵搜刮去了，现在他是身无分文，别说做生意了，连吃饭都成问题。

2. 海运尝试

几年之后，沈万三已快 20 岁，正是处于对未来无限憧憬，满腔热血，渴望离开家乡到更辽阔的世界里去闯荡一番的年纪。在这个年龄，本无所谓乡愁，无所谓对家的渴慕与思念。沈万三在元朝乱世敏锐地嗅出了元朝政府所颁布的“官本船法”（鼓励民间商人出海入番，从事海上贸易，所获之利，将 7/10 交给政府，3/10 可归自己）中发财致富的味道：不要说 3/10，就是 1/10，已经可以使一个普通之家一跃而成为大富之家了。沈万三和沈万四——兄弟二人就是在这么一个海运蓬勃兴起的大时代、大环境里渐渐成长起来。他们每天都要跑到港口去看那一艘艘高大华丽的海船。当时，元政府在这里正式设立了海运都漕运万户府，每年从这里中转经海道北上运送的漕粮高达上百万石。

沈万三和沈万四一直都想登船出海，但始终没有机会，在出海之前，他却先结婚了。

父亲为他安排了一门婚事，女方是吴县蠡口褚姓人家的一位姑娘。家境并不算如何殷实，不过姑娘的父母都是老实人，姑娘从小也被教导要端淑孝敬，算得上是一个勤劳贤惠的好媳妇了！

结婚不久，沈万三就继续卖鱼了，直到有一天，码头上来了一个人。

原来，此人叫陆道源，是吴中甫里（今角直）人。甫里和周庄一样，面积并不大，但临江靠湖，六河环绕，水道宽阔，除了盛产稻、麦、鱼等，更是水上贸易往来的一大交通重地。

陆道源是如何发家致富的，传说不详。有人说他是陆龟蒙的后代，世居甫里，亦农亦商。也有人说，他借助水上贸易的发达，以帮助转运漕粮为名，暗中通番，所获之利不计其数。

对于这位陆大官人，沈万三和沈万四兄弟也早有耳闻，只不过苦于没有机缘，不得与其结识。

这天，陆道源因为自己从海外归来的一艘满载“番货”的商船已经过了约定日子，仍不见归航，心中着急，才亲自到码头上来看个究竟。

陆龟蒙像

这段时间，陆道源正为自己身边缺少一个得力的生意伙计而发愁。这就和打仗一样，正所谓“千军易得，一将难求”。现在，陆道源在这里看上了沈万三。就这样沈万三就正式来到甫里，开始了一种全新的生活：帮助陆道源打理庞大的生意，学习经营和管理之道。

当然了，在沈万三到来之前，陆家已经有了几个伙计，其中一个叫作葛德昭的，比沈万三大几岁，深得陆道源信任，已经能独当一面。

陆道源看上沈万三，除了他天生禀赋，资质过人，还有一个重要原因，就是希望他能去海上发展一番事业。

一天，陆家府上，他一出现在陆道源面前，陆道源就对沈万三说道：“万三，我了解你，以你的才干和勤奋，只要用心去做事情，将来必有出头之日。远的不说，眼前我就有一件大事，要交与你去做！”“先生请吩咐！”沈万三一听，立即坐直身子，正色道：“小子一定尽心竭力，不敢有负先生！”

“很好！”陆道源欣赏的就是他这种招之即来、来之能战，随时准备投身到风浪中去的敬业精神。他点了点头，问道：

“万三，我问你，你知道‘漕运’吗？”

“‘漕运’？”沈万三一愣，他这些年来在港口，的确见过规模浩大的运粮船队，然而，具体如何，并不清楚。

“听我给你讲一讲。”陆道源却对这个行业了如指掌。

原来，漕运一事，古已有之。中国自秦、汉、唐、宋以来，国家政权的中心基本上都在北方；而中国的经济富庶地区却大抵在南方，尤其自汉唐以来，主要集中在江南一带。南粮北运，就成了一大难题。

历史上的漕运，主要是以河运为主，从长江流域进入黄河流域，再由陆路运输，抵达目的地。

然而，元建国以来，因为游牧民族不事生产，对于粮食的消费需求却与日俱增，元大都建成后，竟然经常性地发生饥荒。以往的单纯从河道运输漕粮，已经远远不能供给大都所需。

于是，在大力疏通河道的同时，元朝政府盯上了另外一条道路：海路。而这条海路的最早开拓者，却是两个大名鼎鼎的海盗，一个叫作朱清，一个叫作张瑄。

这两位海盗很早就结为异姓兄弟，名为经商，实为掠夺，横行海上。后来，二人被元朝政府招安，替元朝政府干了一件大事：在元朝政府攻灭南宋后，从临安将南宋的库藏及图籍、仪器等，由海道秘密运到了燕京。因此，二人获封管军千户，其从者亦授百户、总把。

后来，当漕运问题困扰元朝政府时，丞相伯颜向忽必烈推荐了此二人，他们便奉命开辟海上运输航道，

伯颜像

总管海运之事。

当即，朱清、张瑄二人奉命造成大船60艘，小船若干，载官粮46000余石，由江苏苏州太仓刘家港北上大都。

从这条航线开始，漕粮海运成为可能，江苏苏州的太仓亦成为“天下粮仓”，朱清、张瑄二人在这里一驻娄江北岸，一驻南岸，分别建立了两所“海运仓”，每年将江南各地的粮食在这里囤积，然后北上运输，数量从最初的几十万石到后来的近200万石，为元朝政府提供了近半数粮食供应。

有了太仓这么一个大粮食基地，朱、张二人迅速发迹，从千户到万户，不但自己封官晋爵，而且两家子弟，佩金银符者上百人。更令人惊骇的是还有一说，他们甚至获得了一个特权——持有皇帝钦赐的钞板，可自行根据需要印行宝钞。

一方面从事国内海运，一方面垄断海外贸易，数年间，朱、张二人成为当时中国南方最富有和最有权势的人。

只可惜，盛极而衰，不久，朱、张二人都被告发：朱清畏罪自杀，张瑄被逮捕至大都，下狱而死。……

以上这段故事，发生在十几年前。自朱、张死后，元朝政府自己办起了海运，但效率低下，运粮的数目一年比一年少，甚至大都又闹起了饥荒，不得已，只好再次起用民间力量。

对于这个难得的机会，以陆道源之精明，自然不肯放过。再加上有雄厚的财力支持，他决心大干一场。

几年之后，沈万三成了陆道源的左膀右臂。直到有一天，陆道源将家中所有的钥匙也交给了沈万三。

一年后的一天早晨，几乎一夜未睡的沈万三，先起来告别父母，又去叫醒弟弟沈万四，悄悄告诉了他自己要出海的事情，叮嘱他万一自己有个三长两短，要好好照顾双亲。沈万四真恨不得能跟哥哥一起去，然而他也深知航海远行的风险，因此，只能满口答应下来，让哥哥放心上船。

一切安排停当，沈万三来到港口，双桅海船早已整束待发。码头上，陆道源亲自备下了一条长几，上面一溜摆着数大碗烈酒。每个上船之人，陆道源都要亲自嘱咐几句，敬上一碗酒。

自隋唐以来，日本与中国交流日趋频繁。但在宋元以前，尚未能将指南针用于航海，只能从朝鲜半岛取道日本。直到宋元时期，借助双桅海船与指南针，才新开辟出直通日本的“大洋路”，日本与中国的贸易往来进一步得到加强。

而在与日本的贸易中，除了隋唐时期日本大规模向中国派遣“遣唐使”，民间贸易一直以令人惊讶的活跃程度在进行着。后来，更是民间贸易取代官方贸易，唱起了主角。吴越商人、台州商人、福建商人、明州商人、泉州商人……中日贸易往来以及僧人间的文化交流，成为当时一大“奇观”。

更令人意想不到的是，自宋代以贸易立国为国策，以货币经济为主体以来，中国出口日本的商品中，最受欢迎的居然不是丝绸、茶叶、瓷器等传统商品，而

宋元时期的铜钱

是以“铜钱”最为走俏。据说，日本由于欠缺锡金属以及技术不过关等原因造不出铜钱，干脆直接大量进口中国铜钱，以黄金、珠宝作为交换。甚至在中国几度造成了市面上出现“钱荒”的现象！

为了遏制铜钱出口，宋朝政府曾经严令：“钱出中国界及一贯文，罪处死。”一直到元时，政府始终严格控制对日本的铜钱出口数量。

但这样一来，反而为民间贸易提供了绝佳的市场空白。据说，“每十贯之数，可以易番货百贯之物；百贯之数，可以易千贯之物。”为了牟取这令人疯狂的巨额利润，中国有一些商人纷纷铤而走险。

至元年间，由江苏太仓刘家港北至大都的海上漕运开通，一下子使太仓成为“天下粮仓”。国内和国际两条贸易线在这里交会，吸引了天南地北、国内国外的大批富商。沈万三有机会接触到形形色色的商人，学习到许多经商的知识。但他最难得的一点，是在诱惑中，始终坚持着自己的底线：该做的事情做，不该做的事情绝不去做。

3. 乱世掘金

周庄是沈万三的发家之地，也是他居留时间最长的地方。无论在外面做多大的生意，一旦稍有空闲，他都会回到周庄。很多经商策略就是在此酝酿成形，并传递出去实施的。

据考证，沈万三于元代（后）至元元年（1335）在周庄盖过一座沈府。沈万三在周庄大兴土木，将东庄地及银子浜、仓库、园亭与住宅紧密地联结在一起，表明了他要子孙在周庄扎根繁衍下去的心迹。后来他受到张士诚、朱元璋的封赏，也不曾动过要离开这块宝地的念头。

可以想见，当年沈宅门前大小船只来来往往的景象是何等的热闹，各种信息、报告、决断、指令、契约、银票都从这里大进大出，但往来人丁大多神色隐秘、缄口不言、行色匆匆。这里也许是见不到贸易货物的，真正的大贸易家不会把宅院当作仓库和转运站，货物的贮存地和交割地很难打听得到。商人再有钱，也只是一介商人而已，没有兵丁卫护，没有官府庇荫，只能靠谨慎来开展贸易活动……

如果也像围棋那样按水平高低分段，沈万三无疑处于“九段”的位置，甚至比九段还高。沈万三在创富路上不动声色的做事作风，深为商界、文化界所推崇。著名文化学者余秋雨参观沈府之后，曾嗟叹不已：“江南小镇历来有藏龙卧虎的本事，你看就这么些小河小桥竟安顿过一个富可敌国的财神！沈万三的致富门径是值得经济史家们仔细研究一阵的。不管怎么说，他算得上那个时代既精于田产管理，又善于开发商业资本的经贸实践家。有人说地主要得力于贸易，包括与海外的贸易，虽还没有极为充分的材料佐证，我却是比较相信的。周庄虽小，却是贴近运河、长江和黄浦江，从这里出发的船只可以毫无阻碍地借运河而通南北，借长江而通东西，就近又可席卷富庶的杭嘉湖地区和苏锡一带，然后从长江口或杭州湾直通东南亚或更远的地方，后来郑和下西洋的出发地济河口就与它十分靠近。处在这样一个优越的地理位置，出现个把沈万三是合乎情理的。

在沈万三扩大贸易规模的线路图上，张士诚攻打苏州显然是一个重要的转折点。沈万三在战争中看到了商机。张士城攻打苏州前夕，听说苏州商人纷纷低价抛售货物和贱卖店铺，坐镇周庄的沈万三却凭着他特有的商业敏锐和超人的胆识，决定进驻苏州。

张士诚，小名九四，淮南泰州白驹场人，从小有臂力，会武艺，讲义气，轻财好施。泰州濒海，海上有 36 处盐场。张士诚和兄弟士义、士德、士信以驾船运盐为生，兼贩私盐。贩卖私盐是犯法的事，经常遇到官兵的追捕。当地的富豪抓住张士诚兄弟贩卖私盐的把柄欺侮他们，有时买了私盐不给钱。弓兵丘义更是和张士诚兄弟作对，不时欺凌辱骂这兄弟几人。张士诚忍无可忍，乘各地农民起义爆发之机，带领一伙

张士诚像

弟兄于元至正十三年（1353）春杀死丘义和当地的富豪官吏，一把火烧了他们的房子。当地盐丁苦于官役过重，怨恨官府，纷纷前来投奔，公推他为首领。张士诚趁热打铁，攻占泰州。

泰州失守，严重影响元朝廷的盐税和漕运的收入。张士诚的队伍与正在大江南北奋战的各路红巾军遥相呼应，对元朝廷构成了极大的威胁。朝廷命淮南江北行省出兵镇压未果，又派高邮知府李齐前去诱降。张士诚一度答应投降，但行省知政事赵琏却逼他攻打红巾军，他一怒之下杀了赵琏，随后占领高邮。元至正十四年（1354）正月，张士诚在高邮自称诚王，建国号大周，年号天祐。张士诚称王后，巧取扬州，攻占无锡、常州、湖州、杭州等地，昆山、嘉定、崇明、松江等地元军纷纷应降。至此，张士诚把浙西这片富庶的鱼米之乡的大部分地区，牢牢地控制在了自己手里。

长江三角洲原是中国人口密集、经济最发达的地区，此时却战火不断。张士诚看准苏州城这一重镇，决定拿下苏州。他令弟弟张士德率部渡江。张士德并没有直接抵达江阴和常熟福山两个港口，而是选择了在长江南岸元军防卫力量较为薄弱的一个地方停泊。驻守江阴和常熟福山的元军见南岸失守，慌慌张张地向苏州、杭州等地退却，张士德几乎没受什么阻拦就进入了常熟。

沈万三听说张士诚的队伍到了常熟，感到非常吃惊。他没想到，靠贩盐为生的张士诚、张士德兄弟，起义后会这么快地攻占了大半个江苏。

张士诚屯兵常熟，暂时没向苏州动手。但苏州城内，谣传遍地。有的说常熟虞山仲雍墓、言子墓都让张士诚的士兵们掘了，掘墓的目的是寻找财宝。还有谣传说，张士诚在苏北好吃人肉，特别是要吃十五六岁的姑娘，此话传出，苏州百姓纷纷将年轻女子送往外地藏匿。甚至有人说张士诚的兵打到哪，杀到哪，抢到哪，然后一窝蜂地遁去。在这关键时刻，苏州百姓并没奢望平时作威作福的驻守元军能够解决问题。

在谣言四起的当口，元兵在几个城门进行抢掠，这令苏州的气氛更加紧张。一时间，官府怠工，部队观望，百姓慌张，苏州城内乱成了一锅粥。各家商号店铺纷纷打出“跳楼价”，欲举家外逃避难的店主怕商店今后被抢，急着将货物大量削价抛售。过去一匹丝绸卖 30 两银子，现在只卖 20 两甚至十八九两。

沈万三获知这一消息后，再也坐不住了。他明白这是一个千载难逢的机会，“大利大险，小利小险，不利不险”这句流行于商道的名言，再次在他的耳畔响起。

沈万三与张士诚、张士德曾经打过交道，尤其和张士德的交情最深。凭着对张士诚、张士德兄弟的了解，他相信他们攻占苏州后，决不会像过路的军队那样见到什么就抢什么，应当会更好地管理自己的军队，与当地百姓交好。对于想长期盘踞在这座城市的张士诚、张士德兄弟来说，只有赢得苏州人的欢迎甚至长期的拥戴，才会让自己更加壮大。虽说如今张家兄弟俩已不再是昔日那个浑身盐味的盐贩子，但历来注重友情的他们显然不会在统治江山后忘却所有的朋友。

在权衡各种利弊之后，沈万三备足银子，马不停蹄地赶到苏州。

此时，抛售狂潮已席卷整个苏州城。沈万三兴奋至极，在别人的惊慌中，他神情自若地收购一家家商号店铺。仅一周时间，他就投资 500 多万两银子，收购了近 20 家丝绸、珠宝、瓷器店铺。

令苏州人感到奇怪的是，整个苏州城已疯狂到了极点，但张家军队却迟迟不见动静。越是这样，商户们越是恐惧，他们深谙“山雨欲来风满楼”这句古话的喻义。沈万三穿行于各家店铺之间，讨价，砍价，付现款，忙得热火朝天。眼看着一家家店铺不惜血本地抛出，钱袋子越来越瘪的沈万三非常着急——他没钱了。

不能错过这个机会！沈万三赶紧返回周庄，将汾湖陆家的大部分田产变卖，移资苏州。这一冒险的举动，使他在苏州收购的商铺达到50多家。巧的是，在沈万三变卖陆家家产、又赶回苏州的过程中，苏州依然没有动静。后来沈万三告诉儿子沈茂，做生意不光靠大胆、精明，还得靠准确的判断。在人们想方设法保住财产、伺机逃难的时候，他是唯一冒险挺身而进、

苏州古城

逆势而行的商人。

张家兄弟似乎并不急于攻打苏州城，而是慢悠悠地从常熟向苏州进发。到了苏州城附近，又慢悠悠地驻扎下来。驻守在苏州城里的元官府和守城的元军自知难抵张家军的进攻，仓皇逃往杭州。逃亡中，一些元军士兵趁乱抢劫一些还没来得及转移货物的店铺。一阵骚乱之后，苏州城渐渐平静下来。那些不愿意离开苏州的人们躲在家中，静观时局的变化。

在人们猜测张家的军队到底进不进城，何时可能进城之时，张家军队几乎没有受到任何抵抗，就开进了苏州城。这一天是至正十六年（1356）二月极为普通的一天。人们看到张士德率师从北面的齐门进城。当天下午，苏州西面的阊门、胥门，西南面的盘门，东南面的葑门，东面的匠门等都插上了“大周”“诚王”和“张”的旗帜。

进城后，张士诚专门召集部属开了一个重要会议，下令整饬军纪。他告诫部下，如今天下未定，元兵正大兵压境，北面的朱元璋、西面的徐寿辉、南面的方国珍也在争天下。所谓成者为王，败者为寇，如果到手的天下最终被别人抢走了，等待大家的将是疲于奔命的大逃亡。要想稳住地盘，赢得人心，唯一的办法就是纪律严明，尊重当地的老百姓，与他们和谐相处。

于是，人们看到了一幅幅张家军与四周市民互敬互助的动人画面。没有抢劫，没有骚扰，更没有张士诚吃人的恐怖镜头。许多逃出苏州的市民和商人得知张家军的纪律作风后，又纷纷返回城里。很快，铁将军把门的店铺又开张了，老百姓生活如常，苏州城又恢复了往昔的繁荣景象。

见时机成熟，沈万三亲自去找张家两兄弟。

在承天寺门口，沈万三终于见到了张士德。两人一见如故，相互谈起以前的情谊和今后的打算。当沈万三说起今后在苏州做生意，要仰仗张士诚、张士德兄弟时，张士德一口应承。沈万三非常感谢大周军队给苏州制造的和平环境，为了表达苏州商界对大周军队的感激之情，他建议以苏州商界的名义，为张家兄弟举行一个隆重的欢迎仪式。

事情的发展竟出奇地顺利。欢迎大周军队的倡议一发出，几乎所有的苏州商人都举手赞成。苏州商界早闻沈万三的大名，如今看见他来主办欢迎仪式，都认为他是个非常合适的人选。大家都意识到，这个欢迎活动对促进苏州的贸易稳定和发展非常重要。

欢迎张士诚、张士德入城的宴会，在沈万三的新宅举行。苏州有头脸的富绅悉数到场。一遍遍“欢迎张大王、张将军率部进驻苏州，造福祉于苏州百姓”之类的话，让张家兄弟感到异常地舒坦。此次活动，让张家兄弟感受到了苏州百姓对于和平环境的渴望，而苏州人也领略到了张家兄弟的诚意，可谓皆大欢喜。

沈万三看见自己在苏州的事业帷幕正徐徐拉开，他希望能在苏州这座古老的城市里，再现《清明上河图》的太平盛世景象，而自己就是市场中一位极其普通的角色。眼下的苏州，元官府的贵族和官兵们早已逃之夭夭，张士诚可说是兵不血刃地得到了这座名城。如果张士诚能够成为天下的统治者的话，他沈万三会竭尽全力帮助张士诚重振江南商业重镇之雄风，推动整个苏州市场的繁荣和发展。

还在宴请张家兄弟之时，沈万三就和苏州的富绅们进行了广泛的交流。席间，他向富绅们大谈“一行通百市，一市容百行”的商业理念，并发誓与各位携手，在玄妙观前开辟“商业街”。此话一出，让张士诚兄弟见识到了名扬江南的大富豪的胆识和眼光，苏州的富绅们也纷纷叫好，现场反响之强烈，令沈万三始料未及。

为了和张士诚走得更近，沈万三还把女儿嫁给了张士诚做妃子。从此以后，沈、张两家紧紧地拴在了一起。

充满人文关切的怀民政策，使张士诚在苏州的统治渐渐地稳固下来。同样，沈万三在苏州也渐渐树立起了商界领袖的地位。在江苏甚至全国的未来还不是很明朗的情况下，沈万三雄心勃勃，决定在已有福建、两广以及扬州的一些店铺的基础上，以苏州为大本营，建立一个更为庞大的贸易网络，不管在刀戈相碰的城池，还是安静的和平之地。

徐寿辉像

以苏州为中心，北面是朱元璋，西面是徐寿辉，南面是投降了元朝的方国珍，因几路英豪争疆夺城，致使元朝末年的江南硝烟四起，战乱不断。敢于冒险的沈万三认为，在这个时刻把生意做大，也许是最好的时机。

沈万三遣人带着银子远走蒙、陕、青、甘，在那里或是购买，或是参股委托，设立了几家代购代销店。接着又派人去云南和四川，他甚至还想到朱元璋占据的地方开设分号。要在兵荒马乱的年月打造一个庞大的商业帝国，仅有精明、胆识和勇气是不够的，还需对政治形势有敏锐的洞察力，对商业前景有准确的判断力。

很快，沈万三的贸易网络开始运转：西部、北方的各分号代收皮货、药材、山货发给江南的各大分号代销，江南的分号将丝绸、工艺品等发给江南以外的分号销售，分号与分号之间以赊购的方式进行结算。沈万三用赊购的方式，把他在全国许多地方开设的分号连成一个整体，生意一下子火了起来。

4. 海上贸易之路

沈万三与张家兄弟中的张士德交情深厚，在苏州的生意场上，因为有张士德的关照，他的生意做得顺风顺水。到后来，张士德被朱元璋打入死牢，重情重义的沈万三万分焦急。为了救出张士德，沈万三绞尽脑汁，所有的办法都想尽了，最后还是离不开那个“钱”字：出银子为张士德赎命。

朱元璋听说有人想花大钱买下张士德的命，极为震怒。看了看那堆沈万三送来的礼品，他实在难以理解：一个商人为何如此重视一个败将？难道他们之间有什么亲密的关系？看来沈万三并非普通商人，而是一个很会利用政治势力的巨贾。

朱元璋一声令下：捉拿沈万三！

沈万三没想到会是这么一个结果，赶紧连夜逃离应天。

张士德恨死了朱元璋。他暗中托信给哥哥张士诚，建议他即便投降元朝廷，也不能投降朱元璋。考虑到

帖木儿像

自己的军队在西线多次遭到朱元璋的打击，在东线也连吃方国珍的败仗，几经权衡，张士诚最后投降了元朝廷。

想当初横冲直闯令多少英豪心惊胆战，如今要降元称臣，张士诚实在心有不甘。在降元之前，张士诚请求元朝廷封他为“吴王”，后又“请爵为三公”。但元朝廷根本不理睬他，不但要他废除建元年号和他自称的“诚王”,还坚决拒绝授予他为“吴王”的过分要求。最后，元朝廷象征性地送给他一个太尉的官衔。无可奈何的张士诚差点没气死。

张士诚知道元朝廷对他并不信任，只是想利用他在苏州的兵力控制战乱频仍的江南地区，因此，在他降元之后，“虽假元名爵，实不用其命”（《明太祖实录》卷二十五），原有的“城池，府库，甲兵，钱谷皆自据如故”。（《元史·周伯琦传》）

不久，身在杭州的兵部尚书完颜以及将军帖木儿给张士诚送来印信，强逼他贡粮纳税，以缓解元政府由于海运中断而导致的财政危机。走投无路的张士诚只好接受了这一现实。

看着吴宫门口旗杆上的那面“诚王”旗帜缓缓降下，另一面写着“元太尉”字样的旗帜缓缓上升，张士诚的心乱到了极点。他以自己没有船只为由，想推脱贡粮纳税的艰巨任务。谁料元朝廷的特使说，船只由杭州的方国珍负责，他只管筹措贡粮就是。

火烧火燎之际，张士诚又想到了岳父沈万三。

尽管江南烽火四起，但沈万三仍坚持缔造他的商业帝国。他意识到，在国内战乱的情况下，寻求海外发展，也许创富的空间更大。目前的现实是，长江上的几个港口执行元朝的海禁政策，不让任何一只商船出海。他有机会吗？

沈万三在等待机会的到来。这时，张士诚在他的面前出现了。张士诚请他为其想办法解决纳粮的事，沈万三想都没想就应承下来了。沈万三的爽快态度，让张士诚有些摸不着头脑。

事实上是,精明的沈万三从张士诚的“元朝廷太尉”这一身份看到了良机：如果稳住这位落难的女婿，那他再不用为搞不到船只而担心了，更不用为海禁的事而犯愁。而“奉旨运粮”这一创意，将成为他发展海运的契机。

接下来的景象是：刘家港迅速塞满了大海船，“奉旨运粮”的热闹气氛一扫多年来港口的沉寂。港口里船桅如林，百船待发。沈万三的货船，就秘密地混在那些大船中间。

沈万三和张士诚达成默契：船队离开港口驶到大海后，分为两个方阵，一个方阵向北，一个方阵向南。

桑树田

向北的船队运粮，向南的船队则是沈氏商船。朱元璋的后代从沈万三的胆大之举中看到了海外贸易的对外关系作用，于是大力倡导海外贸易，特别是私人海外贸易，于是，中国明代对外关系的喜人景象，通过那些频繁出动的商船得以生动地描绘出来。

船队从南洋返程时，沈万三把货物平均分在十几只船上，然后再径直将货物送到沿海地区的沈氏分号。

在人群熙攘、货物丰富的南洋市场，沈万三从那些宝石、香料、生漆、犀牛角、象牙中发现了巨大的商机。一来一往中，沈万三又发现中国江南的丝绸在南洋市场非常抢手。这一发现，又为他带来了另一个贸易空间：把丝绸运到南洋去！

丝绸属于上等商品。苏州城东近万户的抽丝织绸机户，生产的丝绸主要供应皇家，剩余的丝绸也仅供达官显贵。多年来，这种供需关系大致保持在一个稳定的水平线上。要打破这种局面，基本上没有可能，唯一的办法是：种桑养蚕，扩大生产规模。

沈万三的丝绸贸易计划开始了。种桑树需要土地，可江南的土地大多掌管在像父亲沈祐这样的人手里。他们只种五谷，并以之为本。看来，购买一大批土地来种植桑树，显然是不现实的。苦思冥想中，沈万三在南洋的一个种植场了解到了一种独特的经营方式：将买来的土地出租给种植橡胶甘蔗的人，然后收购橡胶甘蔗，再卖出去。大受启发的沈万三突然想到了四个字：以茧代租。

“以茧代租”的含义是：租地的农户通过养蚕交茧的方式来代替土地租金。这一创意的实施，使江南地区桑田弥望，养蚕成为一时之风气。随后，沈万三陆续设置了蚕茧收购点，修建了缫丝、丝绸织造等作坊。江南众富纷纷仿效，一时间，江南的丝绸加工业蓬勃发展。这些作坊生产的丝绸成品虽然被其他商人购买，但最后还是辗转到沈万三的手里，成了沈万三海上贸易商品的一部分。

沈万三利用张士诚拥有的江南军政大权，按照元朝颁布的《官本船法》和市舶法则二十三条的规定，大规模进行海上贸易。据记载，沈万三的两个儿子沈茂、沈旺在为张士诚督运漕粮的同时，也随父亲经营海外贸易。他们把生意做到了高丽、日本、琉球和南洋等地。其时，欧洲的海运还没拉开帷幕。那时的欧洲还陷在中世纪的黑暗之中，尚未举起商业文明的大旗。

在张士诚倒台之前的那段时间里，沈万三把商业的重心放在了海外贸易上。他坐镇周庄指挥，俨然一个成竹在胸的“集团董事长”。他知道，即便有一天因政治环境发生变化而使海外贸易“寿终正寝”，他也争取到了赚钱的时间和空间。他知道，在政局不稳的年代，凡事都得抓住机遇。

沈万三的海外贸易进行得悄无声息，许多周庄人都不知道他做的是越洋跨海的大买卖，由此可见沈万三是个内敛、沉稳、不喜欢张扬的商人。他的观点是，张扬生意，等于增加风险成本。

后来沈万三被发配云南绝不是偶然的。从洪武元年（1368）开始，朝廷已经有了将富人谋反者编成远方以抵罪的做法。当时也招募许多无业流民到地广人稀的地方屯田。还有其他原因造成的大量移民。这样做，最重要的是为了迅速医治战争的创伤，尽快恢复和发展社会经济。

朱元璋当上了开国皇帝以后，面临的是一片凋敝不堪的景象。多年来的战乱，使整个中国满目疮痍，遍地荒凉。就江苏而言，从唐宋以来便是南北交通枢纽，十分繁华富贵的古城扬州，竟被战火摧毁，成了一片废墟。元至正十七年（1357），当朱元璋攻下扬州城时，城中仅剩下 18 户居民。新任的知府觉得旧城实在太空旷，难以坚守，只得在西南角圈出一小片土地，筑起城墙，权做扬州府城。

明太祖朱元璋唯一的选择便是励精图治，在实行政治改革的同时，迅速发展生产，安定社会环境，让天下的老百姓过上好日子，让政府的赋税不断增加。

他采取的主要措施是奖励垦荒、实行屯田政策。

建国的第一年，明太祖就颁发诏书，明令天下，田主在战争中遗留下来的荒芜土地，凡经过他人开垦而成为熟地的，应该归开垦者所有。如果田主回到了乡里，就由政府在附近拨给他们同样面积的荒地。

显然，这是承认了农民在战争中取得的成果。对于其他的荒地，明政府也鼓励农民尽力开垦。凡是开垦出来的土地，明政府都承认是垦荒者的产业。而且免征 3 年田赋,个别地区甚至对额外开垦的永远不收税。

为了将更多的农民固定在土地上，安定秩序，发展生产，以增加政府的赋税，明太祖还积极推行“招抚流亡”的政策。凡是在战争中逃亡的农民回乡垦荒，政府拨给他们田亩、菜地，鼓励他们耕种。如果家里劳力富裕，就不限制他耕种的田亩，不仅任其开垦，还免除 3 年赋税。

在鼓励垦荒的同时，明王朝又积极推行屯田政策。

从元代开始,云南省便置立民屯和军屯。到了明代，朱元璋统一全国后，总结了历代的屯田经验，继续确定以屯田作为增加军事力量、恢复和发展生产的重要措施，并且建立了一套“兵自为食”的卫所屯田制度，在各地推行。

在实施军屯的同时，还广泛地发展民屯。朱元璋效仿汉高祖刘邦的移民办法，采取强制性手段移民。刘邦在建国初期曾经迁移齐、楚的许多大族充实关中。朱元璋则将地狭人密地区的百姓迁移到地广人稀的地

云南风光

区垦荒。政府发给他们路费、耕牛、种子、车具，以及一定数量的粮食，而且规定 3 年不征赋税。

明洪武三年（1370），政府便曾经将苏州、松江、嘉兴、湖州、杭州的 4000 多户没有田的农民，迁移到濠州垦荒，随即又迁移沙漠遗民 32000 多户到北平屯田，迁移山西泽州、潞州农民到河北垦荒。这样做了以后，可以确保“地无遗利，人无失业”。

当时也有大量移民进入偏僻的云南。

据《增订南诏野史》卷下记载：“（洪武）十七年初，移中土大姓以实云南。”

《大理县志稿》也有这样的一段话：“有明以降，衣冠文物，中土同风，近之则川、黔、桂、粤，远之则楚、赣、苏、杭，皆梯航而至。”这说明，明政府当时确实把内地的不少汉族富户大室移到云南居住。其中包括江南一带的豪富。

明洪武十四年（1381），朱元璋派遣傅友德、蓝玉、沐英率军平云南。这是云南历史上的重大事件。这次规模很大的军事行动，对于巩固明王朝在边远地区的统治极其重要，大军出发时朱元璋亲自前往龙江（今下关）为他们饯行。派遣的将士除了亲军外，属于五府管辖的神策、龙江、天策、虎右、骁骑右，以及江浦、浦口一带的龙虎、应天、飞熊、和阳等九卫也出动了，共计249100名士兵，号称30万大军。如果连同移民和充军的人们，以及将士家眷，当时从南京地区前往滇西北的人数可达百万之众，这可是一个无法忽略的数字。

所以，至今云南的许多人还念念不忘要去南京寻根，南京确实是他们祖祖辈辈的“根”。

洪武十五年（1382），明军进驻云南后，因为“兵食不继”，明将傅友德提出“盐商中纳”，以解决军粮问题。朱元璋采纳了他的建议，“命户部令商人往云南中纳盐粮以给之”。当时大理等地的盐商绝大多数是内地的客商，他们不仅经营盐粮贩运，还投资招募内地的贫困农户到云南开荒屯种。客商以较低的投资用于商屯，种出粮食换取“盐引”，可获取高额利润，所以在那里很活跃。

据说，沈万三的结局是极为悲惨的，他被发配到云南，具体原因不得而知。事实上沈万三只是无数被发配云南的人中的一个。对于沈万三来说，这毕竟是一场飞来横祸。他的家被彻底翻抄，难以数计的家产全部被没收，由豪富变为破落户，仅仅是一夜之间的事情。

这还不是灾难的全部。

沈氏一家此后不断有人因事入狱或被杀害。他的女婿余十舍，原是沈万三的弟子，沈万三将自己的小女儿嫁给了他。在岳父大人被发配充军云南时，余十舍也被流放潮州。洪武十九年（1386），沈万三的孙子沈至和沈庄（伯熙）兄弟以户役之故被捕入狱。洪武末年（1398），他的女婿顾学文又与轰动全国的“蓝玉案”牵连，全家被杀……

民间传说，沈万三充军后，朱元璋还不放过周庄的百姓，扬言要把全镇人都杀掉。在紧要关头，有一个名叫徐民望的读书人挺身而出，勇敢地来到南京告御状，要求皇帝赦免周庄的老百姓。

按照明代的规矩，告御状的人，不仅告不准要杀头，告对了也要杀头。可是徐民望无所畏惧，他宁愿拼死为老百姓说话，前后两次在南京午朝门外喊冤枉。

不料，看到徐民望舍生忘死，敢于直言，朱元璋竟生怕激起民愤，反而退缩了，再也不说杀他。而且御书了“你是好百姓”5 个大字,客客气气将他送回周庄。

徐民望告准了御状，还免了杀头罪，在周庄镇上引起了轰动。得到赦免的老百姓们敲锣打鼓,欢天喜地，把徐民望高高地抬起来在街上游行。直到现在，徐民望的故事还在周庄镇流传……

延伸阅读

明朝与安南的关系

在明代，越南分北、南两部分。北部称安南，亦称交趾，南部称占城。自秦汉至唐末，中国封建王朝一直在今越南北部设置郡县，如同内地。唐朝末年，安南脱离中国独立，但直到 19 世纪下半叶沦为法国殖民地以前，除明永乐五年至宣德二年（1407—1427）曾一度内属为郡县外，安南一直和中国保持着藩属关系。

据《明实录》记载，洪武元年（1368）十二月，朱元璋“遣知府易济颁诏于安南”，即建立了两国间的宗藩关系。第二年六月，安南国王陈日煃遣使“朝贡方物，因请封爵”。朱元璋遂“封日煃为安南国王，赐以驼纽涂金银印”。据不完全统计，有明一代，明朝遣往安南的使团有 30 多次，安南遣使来中国有 100 多次。

安南使节频繁来中国，既是为了加强两国间的政治关系,亦是为了进行经济交流。中国奉行“厚往薄来”的政策，外国贡使在朝贡中获利甚多。因此，安南使节频频来贡。明王朝只要求安南三年一贡，“且定使者勿过三四人，贡物无厚。”但安南却经常提前遣使来华，且规模也很大。不仅贡纳一些土特产品，而且还进献大象等珍禽异兽。洪武二十一年（1388），“帝以其频烦，且贡物侈，命仍三岁一贡，勿进犀象。”（《明史》卷二〇九）除了官方进行的朝贡贸易活动外，在边境地区，两国人民还经常以土特产品自相交易，互通有无。因安南贡使多从陆上来贡，他们“多携私物”，沿途与中国百姓贸易，亦属司空见惯。这种私下进行的贸易活动更加密切了两国间的经济生活。

永乐四年（1406）七月，明成祖发动了征服安南的战争。在古代，封建王朝之间发生战争时有所见，原因十分复杂。明成祖发动这场战争的原因大致有以下三个方面。

首先，这是明王朝为行使宗主国的权力而进行的。明朝建立之初，安南国王为陈氏。朱元璋曾为此“却其贡”，后来因“不欲劳师远征，乃纳之”。

其次，安南数次侵犯我国广西、云南边境地区，这也是导致这场战争的重要原因之一。洪武中期，安

朱能像

南即数次侵犯思明府（今广西宁明县）。朱元璋以安南“生隙构患，欺诳中国之罪”，拒安南贡使不纳。洪武末年“交人（安南）侵迫益甚”。朱元璋不愿劳师远征，仅予斥责，未予征讨。永乐二年（1404）四月，思明府知府黄广成奏言，“迩岁安南屡兴兵侵夺”（《明太宗实录》卷三十），且攻占了边境不少村寨。明成祖谕令安南归还所侵占土地，不听。明成祖遂决心大举进兵。

最后，安南数次侵犯邻国，邻国常来中国控安南横暴，亦是促成这次用兵的原因之一。洪武元年（1368），安南数次恃强侵犯占城。朱元璋遣使“谕令罢兵，两国皆奉诏”。洪武十年（1377），安南对占城大举用兵，遭到占城的顽强抵抗，致使安南王战死。永乐元年（1403），安南又不断侵犯占城，“占城诉安南侵掠”，明廷谕令二国罢兵修好。安南“阳言奉命，侵略如故”，并侵夺明廷赐予占城的赐物。明成祖对安南“遣官切责。”但这种做法屡不见效，促成明成祖决心对安南进行武力征讨。

永乐四年（1406）七月，明成祖命成国公朱能为征夷将军，率兵讨伐安南。朱能至龙州病死，副将军张辅代将其军。明廷传檄安南，历数黎氏父子20大罪，并表明，这次出兵意在恢复陈氏子孙的王位。第二年五月，明军尽平安南。诏求陈氏子孙不得，于是便改安南为交趾，设立郡县，命尚书黄福兼掌交趾布政使司和按察使司二司事，下设15府，分辖36州，181县。另设有5州、分辖29县，直隶布政司。

明成祖改安南为郡县以后，安南人“数相惊恐”，尤其是宦官马骐以采办为名，到安南大肆搜刮珍宝，致使“人情骚动”，激起了大规模的反抗斗争。安南巡检官黎利趁机起事反明，明军极力镇压。洪熙时明军将领不和，屡次失败。宣德帝即位后，下令停止在安南采办，想借以安抚民心，但亦不见效，反明独立战争的规模越来越大。后来，黎利谎称在老挝访得陈氏之后陈暠。宣德帝“心知其诈，欲藉此息兵”（《明史》

卷三二一），遂弃交趾，于宣德二年（1427）将明军撤回。接着，黎利诡言陈暠物故，并请明廷对他册封。明廷遂命黎利“权署安南国事”。不久，黎利即正式称王，向明廷朝贡不绝。正统元年（1436），明英宗正式册封黎利之子黎麟为安南国王。两国之间又恢复了正常的友好关系。

终明一世，除永乐四年（1406）至宣德二年（1427）的20余年以外，中国和安南之间一直保持着睦邻友好关系。两国间发生战争是短时间的，是支流；两国间友好相处是长期的，是主流。

明朝与日本的关系

中日两国人民的友好交往源远流长，唯元代对日本大举征讨，因遭暴风全军覆没，故终元之世不通中国。明朝建立后，朱元璋为修复两国间传统的友好关系，于洪武二年（1369）遣行人杨载出使日本。日本对新建立的明王朝闻所未闻，且鉴于元朝对日本的入侵，故多存疑虑，日本王良怀拒绝奉命。洪武三年（1370）朱元璋再遣赵秩赴日，详细解释了明王朝的睦邻政策。良怀知道了明朝与蒙元不同，遂于第二年遣使来华，奉表称臣。两国间的邦交关系从此得以恢复，友好往来日益密切。朱元璋还以“祖训”的形式将日本定为

15 个不征国之一。

自元代起日本海盗即不断到中国沿海抢劫，明初亦然。中日两国间的邦交关系恢复以后，日本就不断地将这些海盗送到中国，听由中国惩治。明洪武四年（1371），日使第一次来华时，即送回被倭寇掳掠的中国人口 70 余口。永乐三年（1405），日本捕获来中国沿海抢劫的海盗头目 20 人，将他们送往中国。明廷又将这些人交还日本，听他们自行处置。日本使臣到宁波后，将这些海盗头目尽“蒸杀之”。

洪武十三年（1380），丞相胡惟庸谋叛伏诛。后来，朱元璋了解到胡惟庸曾“欲借日本为助”，故“怒日本特甚，决意绝之”（《明史·日本传》）。自此以后，终洪武之世日本贡使未通中国。明成祖即位后，即遣使往日本，日本亦遣使来华。明成祖定日本十年一贡，人不过 200，船只两艘，为方便其来贡，还特地赐船两只。但日本为了借朝贡之机进行物品交换，对这种限制一直不肯遵守，往往提前来贡，人

胡惟庸像

和船都超过规定数目，并且携带的私物也特别多。宣德初年（1426）改为人不过300，舟不过3艘。即使这样，仍不能满足日本的需要，他们仍借各种理由提前来贡。嘉靖十八年（1539），明世宗再次申谕贡期为10年，人不过100，舟不过3。但因日本远道航海来贡，虽不按期，亦不忍拒绝，所以还是照常给予赏赐。

明初的倭寇问题一直是困扰我国的大问题，所谓“倭寇”，即指到中国沿海进行武装走私和抢劫的日本海寇。终明之世，一直存在倭寇问题，尤其是嘉靖时，“倭患”成为举国震动的大事。但明前期和嘉靖时期的倭寇问题有着不同的特点，性质也发生了显著的变化。

自14世纪初叶起，日本进入南北朝的分裂时期。在封建诸侯的割据争战中，一些失败了的封建主组织武士、商人和浪人来中国沿海，或武装走私，或伺机抢劫，给我沿海人民造成很大危害。这种倭寇问题在元末即已出现，入明以后为祸更烈。

明朝初年，北自辽东，南至浙江、福建，在漫长的沿海地区，倭寇时常侵扰，“濒海郡邑多被害”。朱元璋于洪武二年（1369）遣使往谕时，严责日本为寇问题。诏书中称：“宜朝则来庭，不则修兵自固。倘必为寇盗，即命将徂征耳。”（《明史·日本传》）但因日本内战不休，对这些海寇难以约束，故虽时而将一些倭寇头目送往中国惩治，也不断将被倭寇掠去的中国人口送回，但倭寇问题一直未能消除。永乐十五年（1417），倭寇数十人被明军捕获，送往京师。不少大臣请求将这些倭寇全部杀掉。明成祖说："威之以刑，不若怀之以德"，并遣使送还日本，"令悔罪自新"（《明史·日本传》）。但这种怀柔政策亦不能奏效，倭寇仍不断到中国沿海抢劫。为此，明廷不断派大员到沿海巡视，督修城堡，剿捕倭寇。

《明史·日本传》还记载，永乐十七年（1419）六月，倭寇分乘30多艘船侵犯辽东，登岸后直奔望海埚。这里是沿海要塞，总兵官刘荣在此修筑了一些御倭工事。这次大举来犯，刘荣及早得到报告，遂"依山设伏，别遣将断其归路，以步卒迎战"。明军佯败，将倭寇引入埋伏圈后，明军伏兵大起，鸣炮奋击，从早晨一直酣战到傍晚，倭寇大败，全数被歼，"斩首千余级，生擒百三十人。"这是明朝前期抗倭的第一次大胜利。倭寇受此沉重打击后，在相当长的时期内不敢大举来犯。

到嘉靖时，所谓"倭寇之患"愈演愈烈。嘉靖时倭患有一个非常突出的特点，即倭寇与中国违禁私出的海商相结合，力量显得特别浩大，对明王朝所构成的威胁也显得特别严重。

自正德以后，明王朝的海禁政策有所松弛，私人海外贸易较前有了明显发展。嘉靖时，这种趋势发生了逆转。嘉靖二年（1523），在宁波发生了两伙日本贡使互争真伪的“争贡之役”。日本贡使宗设一伙“所过焚掠”，追宋素卿一伙至绍兴，并俘获了明军的指挥官袁琏。都指挥刘锦亦战死在海上。嘉靖帝闻讯大怒，听从了夏言的建议,认为“倭患起于市舶,遂罢之”(《明史·食货五》)。海禁顿时显得格外严厉。在这种情况下，倭寇便和中国海商相勾结，一方面进行一定的贸易活动，一方面时常到中国沿海抢劫他们所需要的物品。

嘉靖二十六年(1547)，明廷派朱纨巡抚浙江，兼提督福建军务。朱纨到任后雷厉风行，“革渡船，严保甲，搜捕奸民”(《明史·朱纨传》)。但在江浙官僚的攻击下，朱纨被迫于嘉靖二十九年(1550)自杀。自此，“中外摇手，不敢言海禁事。”(《明史·朱纨传》)海商势力迅速发展，并渐渐形成了以王直为首的海商集团。集团和倭寇有多种联系，所以明朝笼统地将他们称为“倭寇”。

嘉靖时期的所谓“倭寇之乱”，绝大多数是中国海商,真倭是少数。《明史·日本传》说:“大抵真倭十之三，从倭者十之七。”参加过抗倭的郑晓说：“大抵贼中皆华人，倭奴直十分之一二。”中国海商集团一是需要和日本人通商,二是故意用一些日本人吓唬明军。日人“轻生敢斗”，明军特别害怕倭寇。中国海商集团甚至让部下冒充日本武士，以便在中国沿海抢劫。

这种联合反明的斗争，使明王朝受到沉重打击。

自嘉靖三十一年（1552）倭寇进犯台州等地区起，“七八岁间，所破城十余……官军吏民战及俘死者不下数十万”（《皇明经世文编》卷三三二）。为了镇压倭寇，明王朝几乎倾注了全国的兵力和物力。明王朝因“帑藏空虚”，不得不在江南实行“提编”，即所谓加派。全国各地精兵良将都被调往东南沿海。戚继光即被从山东调去，他组建的“戚家军”，在这场所谓“抗倭”战争中卓有战功。直到嘉靖末年（1566），这场祸乱才算基本被平息下去。

16 世纪末期，日本的新军阀丰臣秀吉陆续削平了其他封建诸侯，统一了日本，称为关白（丞相）。这时，日本的封建经济有了进一步发展，尤其是商业发展迅速。丰臣秀吉为了满足国内封建主和商人的贪欲，也为了转移国内的视线，于万历二十年（1592）发动了侵略朝鲜的战争，并打算以朝鲜为跳板，进而侵略中国和控制南洋。如果说以前的倭患是少数日本武士、商人的抢劫行为的话，那么，现在则是由统一的日本政府发动的大规模侵略战争了。

日、朝隔海相望，人民之间“往来互市，通婚姻”（谷应泰著：《明史纪事本末》卷六二），久无战事。朝鲜承平日久，兵不习战。日军十多万大军登陆，朝鲜军队望风披靡。日军迅速占领了王京（汉城），攻陷开城，进逼平壤。朝鲜王李昖仓皇逃离王京，奔赴平壤，接着又逃往中国境内。日军攻占了平壤，朝鲜大部分土地沦陷。朝鲜向明王朝告急，请求出兵援助。明廷以朝鲜“为我藩篱，必争之地”(《明史·朝鲜列传》)，决定出兵援朝。

丰臣秀吉像

万历二十年（1592）七月，明军在史儒率领下援救平壤，明军失败，史儒战死。副总兵祖承训率明军3000渡过鸭绿江往援，结果全军覆没，祖承训仅以身免。明廷大为震动，决定以宋应昌为经略，以李如松为东征提督，大举援朝。第二年一月，明军在朝鲜军队配合下，大败日军。日军先锋小西行长慌忙率残部南逃。中朝军队乘胜南下，相继收复了开城、汉城等地。日军伤亡惨重，退守釜山。中朝军队几乎光复了朝鲜全境。

在这种十分有利的形势下，明朝兵部尚书石星却力主与日和谈罢兵。丰臣秀吉亦假意求和，而暗中却加紧准备，企图卷土重来。宋应昌知道丰臣秀吉诡诈难信，力主趁胜将日军全部赶出朝鲜，否则，日军“觇我罢兵，突入再犯，朝鲜不支，前功尽弃”（《明史·朝鲜列传》）。这时以石星为首的主和派得势，仅许留下少量军队帮助朝鲜防守，大军撤回国内。

万历二十五年（1597）二月，丰臣秀吉调集14万大军再次侵朝。明廷派兵部尚书邢玠率军往援，在朝鲜军队的密切配合下，连败日军。第二年丰臣秀吉死去，日军心动摇。这年年底，中朝军队在朝鲜南海海面与日军大战，将日军几乎全部歼灭，在这次战斗中，朝鲜水军将领李舜臣和中国年逾古稀的老将邓子龙都壮烈牺牲，写下了两国关系史上光辉的一页。

日本发动的这次侵朝战争最终以失败告终。在这场反侵略的正义战争中，朝鲜军民坚持抗战，作出了重大的牺牲。这次战争的胜利主要应归功于朝鲜军民的英勇抵抗。同时，明军两次出兵援助，对夺取战争的胜利也起了重大作用。

明朝航海第一人——郑和

郑和（1371—1433），本来姓马，名和，小名三宝，也叫三保，出生于云南昆阳宝山乡（今云南省昆明市昆阳街道）一个回民望族之家。他是明朝宦官，也是一名优秀的外交家、航海家。

当年，马和的父亲叫马哈只，家中养 4 个孩子，马和是他的第二个儿子。洪武十三年（1380）冬天，马和不到 10 岁，当时明朝的军队进攻云南，他被明军的副统帅蓝玉掠走，因见他长得聪敏乖巧，没有杀他，而是将其送到南京，惨无人道地将其阉割成了太监，随后把他送到了朱棣的燕王府。在永乐元年（1403），马和被姚道衍和尚收为徒弟，法号福吉祥。

因为在永乐二年（1404）的时候，马和为朱棣立下汗马功劳，明成祖朱棣就在南京亲笔御书，为马和赐“郑”姓来纪念他的战功，于是后来他便正式改叫“郑和”，而且朱棣还把他提拔为内官监太监，官职居四品，地位仅次于司礼监。郑和饱读诗书，聪慧有谋略，还知兵习战，所以朱棣十分倚重他，在朱棣继位之后，便派他担任正使，率领船队出使西洋。郑和在永乐三年（1405）到宣德八年（1433）的29年里，先后7次下西洋。第一次是在公元1405—1407年；第二

郑和像

次在公元1407—1409年；第三次在公元1409—1411年，最远到达了今巴基斯坦的印度河口一带；第四次在1413—1415年，区域已经扩展到波斯湾；第五次在公元1417—1419年；第六次在1421—1422年，这次已经到了今非洲东海岸的赤道以南地区；第七次在公元1431—1433年，最后主舰队在波斯湾返回，分舰队到达了红海等地方，郑和的七下西洋，是我国历史上的航海壮举。在宣德八年（1433）四月，郑和逝世于印度西海岸古里国，得明宣宗恩赐，郑和最后葬在了南京牛首山。

1. 外交才能初现

郑和生于云南回民望族之家，10岁时被统一云南的明朝军队作为残元臣民的后代抓获，因其聪明伶俐，未被杀掉，而是遭到惨绝人性的阉割，拨至燕王朱棣（后来的明成祖）府邸为奴，三保（郑和别名）在朱棣身边逐渐长大，“博辩机敏”“多建奇功”（前语见《明书·郑和传》，后语见朱国桢《皇明大政记》），深得朱棣宠信。三保对燕王也忠诚效命，明成祖夺得皇位后，任用三保为主管皇宫营建和皇室供应的内官。并赐三保郑姓，郑和以此得名。明成祖即位后，同太祖一样，派遣大批使臣四处传谕，结好外国。郑和作为访日使臣，促使日本与明朝订立了“十年一贡”的协定和中日“勘合贸易”之约。郑和得名和使日在同一年（永乐二年，即 1404 年，时郑和 33 岁）。出访日本的成功，使郑和的外交才能得以显露。第二年，成祖“欲通东南夷”，决定派大型使团出访“西洋”众国。如此重任委以郑和，足见郑和的能力超过一般文武百官。

郑和自永乐三年至宣德八年（1405—1433）前后 29 年中，七下西洋，所至诸国，据《明史·郑和传》记载，有 34 国：

占城、爪哇、真腊、旧港、暹罗、古里、满剌加、渤泥、苏门答腊、阿鲁、柯枝、大葛兰小葛兰、西洋琐里、琐里、加异勒、阿拨把丹南巫里、甘把里、锡

暹罗

兰山、喃渤利、彭亨、急兰丹、忽鲁谟斯、比剌、溜山、孙剌、木骨都束、麻林、剌撒祖法儿、沙里湾泥、竹步、榜葛剌、天方、黎代、那孤儿。

郑和七次下西洋是世界探险史和外交史上的壮举，同时也反映出了明朝前期国力雄厚，航海技术高超。郑和整个后半生都投身于发展中外友好关系的伟大事业中，出色地完成了朝廷的外交使命，为东亚、东南亚地区的和平作出了杰出的贡献。郑和通西洋后，重树了中国的威信,来华访问的使者“连年相望于道”,“泛海通使不绝”。在他六下西洋回朝时，竟出现 16 国使臣 1200 人同时来朝的外交盛事。《明史》所载 36 个建交国（实际只有 34 个），有满剌加、苏禄等 4 国是由国王亲自来明朝建立邦交的，可见郑和在国外尊重他国，平等交易等活动深得人心。郑和作为古代外交家的杰出代表，这和他个人的素质和努力是分不开的。

首先，他忠实执行朝廷“宣德于外”的政策。郑和为成祖近侍，二人感情至深，成祖对郑和很放心。《郑和家谱》说他“公勤明敏”。郑和一生可谓公道不私，忠于君命。郑和下西洋，全体船队共 2 万多人。文武百官俱备，各类专业人才齐全，指挥如此庞大的外派团体，不是德高望重之臣，皇帝不会放心，下臣也会反对，何况历代外臣妒忌内宦，若郑和轻浮为私，定有非议。再看郑和七下西洋，外国献给“天使”的礼品如珠宝、珍奇等，郑和都如数上交礼部，以供皇帝和贵族享受。郑和死在第七次出使任上，部下携其尸还，无分其私财的记录。郑和在外贸易，买卖公平，击掌而定价，账目不私，所易之物，上至“珍异之宝”，下至“蕃香蕃药”，也全部缴纳，“成充廷实”。

其次，郑和“才负经纬，文通孔孟”（袁忠彻著：《古今识鉴》卷八），是一个极富文化素养的人，这使他与各国的国王和权贵们打交道时总能不卑不亢，礼尚通好；在遭遇不法海盗集团的攻击，或者面对不怀好意的国君的诱骗，船队面临严重的危机时，他总能沉着冷静，化险为夷。郑和的才能表现在文武两个方面，这是长期在成祖身边自学的结果。成祖用武力夺取皇位，郑和亲自参加战斗，“多立奇功”。出使西洋时，有2万多士兵和300名军官护航，郑和为正使太监，兼护航军统帅。郑和船队几次遭到因误会而引起的攻击，郑和先后在几次险情中表现出非凡的军事指挥才能，制服了叛乱、偷袭的土著首领和海盗，并调解了海外部分冲突和国家之间的矛盾。第一次下西洋（1405）时，郑和歼灭了在南海地区作恶多端的海盗集团陈祖义部，为东南亚沿海国家除了一害。第三次下西洋时，锡兰山国国王无礼，想诱骗郑和上岸入其国中加害。郑和发觉，去往他国。锡兰王不睦邻境，屡邀往来使臣而劫之，邻国都向明朝使臣诉其国不义之罪。郑和回国途经锡兰山国时，锡兰王又想诱骗，同时发兵5万伏于岸路。郑和亲率2000步兵，绕开伏击区，由间道乘虚攻拔其城，生擒其王烈苦奈儿等。古代外交官无国际法保护，各国文明发展程度不同，外交官常会有生命危险。临危不乱，遇险不慌，是外交官基本素质之一。郑和不仅“知兵习战”，而且“博辩机敏”。博，博学多才；辩，口才超凡；机，机智灵活；敏，反应敏捷。此4字高度概括了郑和的外交才华。

诚然，郑和作为一个完成七下西洋伟大壮举的优秀人才，也有一些他个人独特的条件。首先，郑和年轻力壮，仪表堂堂。外交官在对外交往中，可以说代表一个国家的形象。封建君王的虚荣心极重，使臣的挑选莫不取“才貌双全”者。郑和出使日本时33岁，第一次下西洋时34岁，正是年轻有为的黄金年华，不仅使他能胜任长期颠簸海上的重任；而且其英壮、俊朗的外表总能给人良好深刻的印象，有利于对外交往。《明史·郑和传》载：“和之貌，身长九尺，腰大十围。”袁忠彻的《古今识鉴》也说：“（和）眉目分明，耳白过面，齿如编贝，行如虎步，声音洪亮。”如此气度，令人敬畏，有利于他完成谈判等任务。

另外，郑和有两个特殊条件：一是他是中性太监，少私情杂念，除皇帝外，无他人可忠可依；二是郑和先后皈依伊斯兰教和佛教（其祖为穆斯林，当太监后信佛）。南洋诸国一部分为大食教区（伊斯兰），如苏禄、爪哇等；一部分为小乘佛教区，如暹罗、锡兰山等。国之风俗，以其宗教为主要标志，郑和了解宗教礼仪，更易与当地君臣接洽。

2. 伟大的航海壮举

郑和下西洋的时代是15世纪上叶，几十年后，欧洲也开始了航海探险活动。明朝在郑和死后无力再下西洋，中国封建社会走向衰落，西方探险家迅速沿印度洋、大西洋进入郑和开辟的“西洋”航道，南海及印度洋沿岸30多个向中国朝贡国很快遭到殖民者侵略。郑和与哥伦布都是15世纪的大航海家，但各自的航海目的不同，因而后果各异。郑和七下西洋“费钱数十万，军民死且万计”（严从简著：《殊域周咨录》卷八），最远只到东非。从这一点上看，郑和使团的冒险精神远不如几十年后的哥伦布和麦哲伦，当时中国的航海技术比欧洲还强，由于没有新的生产关系促进航海事业的发展，中国失去了第一次向商品经济过渡的机会。

郑和领导的中国15世纪初的远航活动，其规模庞大，应用国家的权力，集中了优越的技术力量和物质力量。航队中有大型海舶62艘，大船可容纳1000余人，加上中、小船只，航队海舶多达200余艘。出海人员多达27800人。这在中世纪算是世界上最庞大的和最强大的一支联合舰队了。

郑和下西洋雕塑

明政府派遣这样大规模的航队远航，其目的是“宣示德威”，使沿海各国承认明王朝是“天朝”的中心地位，所以舰队带着大量的金、银、瓷器、茶叶、铁制农具等“赐给君长”，使“诸邦咸听命”。果然，不少国家“皆遣使朝贡”。其中今菲律宾附近的“苏鲁东王”等3个王于永乐十五年（1417）到北京朝贡。在归途中，东王病死于今山东德州。（《苏鲁东王碑》）永乐帝以王礼葬之。途经各国进贡奉献的是香料、珍禽异兽和“无名宝物”。当时强调的是政治作用，对经济利益很少考虑。这就为今后航海事业的进一步发展，潜伏下了危机。在客观上，郑和下西洋，随船队的诸国使者前来中国通商求好，差不多每一次航行都带来外国使臣，又在下一次航行中送回本国。这样前后29年间，增进了中国和印度洋沿岸各国的相互了解，沟通了彼此之间的往来，开辟了中国的海外市场，也促进了中国封建社会内部的资本主义经济萌芽。也有一些中国人带着先进的生产技术和封建文化，移居南洋各国，促进了南洋各国社会经济的发展。

他们的航路，一般从江苏的太仓刘家港出发，经越南归仁附近的占城（今越南南部）、爪哇、满剌加、苏门答腊、真腊（柬埔寨）、暹罗、锡兰山（斯里兰卡）、榜葛剌（孟加拉）、溜山（马尔代夫群岛）、柯枝、忽鲁谟斯（伊兰霍尔木兹）、阿丹（亚丁）、天方（麦加）、木骨都束（非洲索马里摩加迪沙）、卜剌哇（索马里布腊瓦）、麻林（肯尼亚马林迪）、慢八撒（肯尼亚蒙巴萨）等地。他们多次往返于南海、印度洋、阿拉伯湾、红海间，到过30多个国家。其规模之大，人员之多，航海时间之长，足迹之广，是世界航海史上前所未见的壮举。

郑和每次远航，沿途都作了翔实的记录。可惜这些原始档案,在明代成化年间散失了。现在茅元仪著的《武备志》中，还保存了郑和航海图。图中关于航行的方向、航程的远近、停泊处及暗礁、浅滩的分布，都记录确详。还有一本航程中罗盘针所指方位的“碱位编”，是当时的航海手册。此外留传至今的还有当时随行人员马欢的《瀛涯胜览》、费信的《星槎胜览》等书。

马欢是西域天宁教徒（伊斯兰教徒），通晓阿拉伯语，他因此接受“三入海洋，遍历番国”（马欢：《瀛涯胜览》）。他于永乐七年（1409）年起航，经第四次、第五次和第六次随郑和远航，“于是采摭各国人物之丑美，壤俗之异同，与夫土产之别，疆域之制，编次成帙”（马欢 :《瀛涯胜览》)，于永乐十四年（1416）年成书。他亲身经历记录了约 20 国的民族、宗教、风俗、物产、服装、房屋等以及郑和等使节对各地君长的赏罚、交易活动，沿途路径、行船的针向、风向等。

费信，年仅 14 岁就代兄从军。“偷时借书而习读”，22 岁选往西洋数次随征，他依见闻和有关资料写成《星槎胜览》。他在序中说 :“历览诸番人物，风土所产，集成二帙……前集者亲监目识之所至也 ; 后集者采辑传译之所实也。”他记录了在 22 国的经历和见闻。

另外，《武备志》中保存了《自宝船厂开船从龙江关出水直抵外国诸番图》共 20 幅。其图航线以南京为起点，最远达非洲东海岸肯尼亚的蒙巴萨。从南京出发至苏门答腊的航线有罗盘路针和星辰定向的记载。此外还记了路程停泊处、暗礁浅滩。标有地名达 500 多处，其中外国地名 300 多处。此图用写景法绘制。它是当时我国海外地理知识水平的体现。它是我国现存最早的亚非航海图。在中国乃至世界地图史上都占有重要地位。明代学者茅元仪称此图“详而不诬”。英国科学技术史学家李约瑟在《中国科学技术史》书中，称此图为“是一幅真正的航海图”。总之，郑和领导的远航，丰富了我国有关海洋的地理知识，特别是海洋地形、海水深度、海洋气候和沿印度洋、南海的海岛、半岛、礁石等地理知识，以及有关国家和地区的风土人情、人文知识。郑和等人的远航，无论是组织规模、航海技术还是掌握海洋地理知识方面，都代表了当时的最高水平。可是由于在封建统治者重政治、轻经济的指导思想之下，此项伟大事业，给国内带来的经济利益远赶不上给政府增加的沉重经济负担，所以当时就被指责为“弊政”。到了成化间（1465—1487），明政府错误地将郑和下西洋的档案全部销毁，远航使用的大型船只也不再建造了。闭关自守的政策更加抬头。其实应该反对的是那些讲排场、乱赏赐、贸易不计盈亏、只顾皇室享乐，用大批金、银货物仅换取香料、染料、狮子、斑马、鸵鸟、长颈鹿等行为。15 世纪后半叶我国的海洋事业由先进转向落后。欧洲此时期却利用学到手的罗盘指南针，“发现”了新大陆，促进了世界市场的形成，完成了从封建社会向资本主义社会的过渡。

郑和船队在下西洋的过程中，创新应用了在当时世界极为先进的航海技术，为世界航海事业的进步作出了贡献。

延伸阅读

闻名世界的明代造船与航海术

明代在地理领域的探寻可谓功不可没。郑和曾7次下西洋，成为我国航海事业的英雄。这一壮举在当时的世界范围内也处于领先的地位。明代航海与造船文明的发展也是相辅相成的。明末，地理学家和旅行家徐弘祖，足迹遍及中国东部、中部、南部及西南部。他的全部考察日记后经友人整理定名为《徐霞客游记》，成为世界科学史上最早出现的关于岩溶地貌研究的宝贵文献。除此之外还有很多对中国明代地理作出贡献的人物以及著作，在我国地理文明长河中留下了深深的足迹。

一、领先世界的造船术

明代，由于有了元代海外贸易和国内水上运输大发展的基础，因此不论在海上航线的开辟或国内漕运的经营上，都发展迅速，明代的造船能力大大增强了。

明代的造船技术突出表现在航海船体积的增大上。据《明史·郑和传》等相关史料记载："宝船六十三号，大船长四十四丈，阔一十八丈。"郑和下西洋的船舶分为五大类：宝船、马船、粮船、坐船、战船。其中宝船为最大，有九桅，船长约 138 米，船宽约 56 米。这种巨型的海船，无论在中国历史上，还是当时的世界，都是无与伦比的，它证明了中世纪的中国造船业是在全世界遥遥领先的。

二、航海中的科技文明

明代航海将天文导航、罗盘导航、陆标导航、测量水深和底质等导航方法结合起来，从而使航海技术又向前大大迈进了一步。

明代，我国四大发明之一的指南针的开发及用于航海，较宋又有了新的进展。北宋宣和元年（1119）的《萍舟可谈》中有“夜则观星，昼则观日，阴晦观指南针”之句。

郑和船队有随员巩珍在他的《西洋番国记》中记载：“往还三年，经济大海，绵邈弥茫，水天连接。四望迥然，绝无纤翳之隐蔽。惟观日月升坠，以辨东西，星斗高低，度量远近。断木为盘，书刻干支之字，浮针于水，指向行舟。经月累旬，昼夜不止。海中之山屿形状不一，但见于前，或在左右，视为准则，转向而往。要在更数起止，计算无差，必达其所。”

近海航行时，把陆标与罗盘结合起来，“用丹乙针，一更，船乎吴淞江”《郑和航海图》。即以吴淞江为陆标，用罗盘时刻校正船只的航向，使之与吴淞江保持平行。

这种航海技术在当时世界上是相当先进的。外国航海家们一直到15世纪末还是靠观察南半球可见的南极星和其他星宿高度这样简单的方法来测定航行方位的。

当时人们已将航海技术推进到了“定量航海”阶段，对于西太平洋与北印度洋上的气象、水文态势及变化规律已有相当清晰的认识，并能熟练地应用。他们掌握了全天候的磁罗盘导航技术，并将之与惯行航线有机地结合起来而形成了“针路”，还提供了各种行之有效的航路指南与航用海图。他们已拥有通过观测天体方位与高度，来基本判认船舶所在纬度的天文定位技术。在船艺方面，他们在各种风向下的驶帆术以及测深、用锚、使舵等各种航行技术都已达到了相当高超的水平。这些技术的掌握,使得郑和船队在“洪涛接天，巨浪如山”的汪洋大海上，“云帆高张，昼夜星驰，涉彼狂澜，若履通衢”(《天妃灵应之记》碑碑文)。

郑和下西洋中以罗经指示航向与方位。当时将罗经划分为24个方位（用12个地支和8个天干以及八卦中的艮、巽、坤、乾4字表示），每个罗经字占15度，称为单针（也有人称丹针），如单乙针为105度，单申针为225度。为了划分得更细一些，又增加了夹缝针，即两个字之间的分界线的方位，如丁未针为202.5度。

除了在《郑和航海图》中记载的航向、航程外，尚有舟师个人记录的更为详尽的针路簿。此针路簿可能就是类似于现代船舶上的“航海日志”，记载与航行有关和航向、航程、导航和定位的数据，以及当时的天气、风流等内容。

我国东南沿海冬季多吹西北至东北的偏北风，夏季多吹西南风，利用季风航行是古代航海技术的标志之一。

郑和船队便是利用季风的有利条件远航的，即利用东北季风出航，利用西南季风返航。我们从郑和七下西洋的出国与归国的时间就可以推测这个规律。

郑和船队的航行，除了利用季风外，还利用季风产生的风生流（方向与季风的吹去方向相近）来增加航速。但是若船的航向与风流的方向呈一定角度时，因受风流的压力而向下风流的方向偏移。这种偏移的角度称为风压差、流压差。由于风流压差的存在，在设计航向时必须将这一差角加以修正。

船队随季风往返，到达一海区的时间和季节是基本相同的。他们根据所观测到的天体高度，通过航行实践知道到达某一个地点或港口，观测星的高度就可以作为下一次航行时的参考。船队的测天仪器叫作“牵星板”，其所测高度单位称为“指”。

由于一次又一次的远洋航行，明代人逐渐摸索出了远洋航行安全、固定的航线。先进的航海技术，使远洋爪哇甚至更远成了明代社会生活中的重要内容。

三、明代沿江濒海地区发达的造船业

明代沿江濒海地区的造船业则更趋发达，不但造船的批量多、质量高，而且传统木帆船的制造技术达到了空前的程度。明代的造船厂遍及全国濒海临江的地方，主要有宝船厂、龙江船厂、卫河船厂、清江船厂等。其中，最有名者是建造“入海取宝”的宝船厂和龙江船厂。

福建设有五虎门船厂，广东新会设有东莞船厂，同时太仓、临清、直沽、辽东、吉林等地也都有造船厂。种类有海上远航用的大型海船，海上或江河作战用的战船，运粮的浅船、航行江河的快船等。

南京龙江船厂是当时最大规模的造船基地之一，厂地广阔，船造成后直接在长江下水。厂内分工明确，除船主体工厂外，附设细木、油漆、铁件、蓬作、索作、缆作等作坊。南京龙江船厂还设有龙江宝船厂，专门为郑和下西洋制造大型海船。据《龙江船厂志》载，“洪武初，即都城（今南京）西北隅空地开厂造船”，“其地东抵城濠，西抵秦淮街军民塘地，西北抵仪风门第一厢民任官廊坊基地”，“南抵留守右卫军营基地，北抵南京兵部苜蓿地及彭城伯张口田”。初建时，占地800亩，最大时占地8000亩，有大型作塘（船坞）6个，所造船舶可循之入长江。宝船厂旧址在龙江关，约现

南京龙江宝船厂遗址

在的南京下关三汊河一带。2005 年 7 月，此地辟为南京宝船厂遗址公园，至今仍留有“上四坞”“下四坞”水道等设施遗址。

宝船厂不仅占地宽广，实力雄厚，而且人员众多。“洪武、永乐年间，起取浙江、江西、湖广、福建、南直隶（今江苏）滨江府县居民四百余户，来京造船”，并按明代城市居民的坊厢编制，各以专业。“编为四厢，一厢出船木梭橹索匠，二厢出船木铁缆匠，三厢出舱匠，四厢出棕篷匠。”郑和下西洋时的各类宝船，主要由龙江宝船厂以及闽浙沿海的船厂所造。

各地造船工厂制造最多的是运输船只。明永乐年间迁都北京，漕运粮食的船只大增，漕粮由江南运往北方。先用近海的海船，经一段海运再用河船通过运河北运，粮船分两种：一种为遮洋船，另一种为浅船。前者用于海运，后者用于河运。

明初造船业的制造技术和船只生产量都居于当时世界各国的前列，当时的造船机构也是发展水平较高的手工业部门。据《明成祖实录》记载，仅以永乐皇帝历年为下西洋准备新造的海船数量为例，就可以看到明代前期造船业的水平。永乐十三年（1415），南北大运河疏浚工程竣工，除保留一部分海船维持海漕外，水上运输开始转移到运河漕运。据《大明会典》载，永乐十三年（1415）为准备内河漕运，令湖广建造浅船 2000 余艘。等到南北大运河正式通航后，又增建 3000 艘，总共造船 5000 艘。

《明史·食货志》载："初，船用楠杉，下者乃用松。三年小修，六年中修，十年更造。"这些记载无不显示了明代水运管理和造船业的规模。除由各都司分段管辖的运船外，还有直接为朝廷差遣的运输船，这种运输船外身涂有皇室专用的黄色，故称"黄船"，仅黄船就有 998 艘之多。

北方四司每年更新添造的船只共需 686 艘，由清江船厂与卫河船厂负责督造补充。《漕运志》有这样的记载："每年清江、卫河各厂改建粮船约有七百余艘。"据《大明会典》载："今例，清江提举司每年核造六百八十只。”

明代，每年规定的船舶更新数是总船量的10%，据此可以估量，仅河漕船一项每年就需造8185艘新船。据《明实录》载，洪武五年（1372）令南京造遮洋海船180艘，景泰二年（1451）令江西、南直隶造遮洋海船180艘，景泰五年（1454）令浙江造备倭海船440艘。这些都是正项以外的临时差役，但都能按期完成，足见明代分设在各地的造船基地施工能力的强大，从造船数量上反映了造船事业发展到了鼎盛局面。正是由于这种巨大的造船能力才能够支持郑和远洋船队七下西洋，在世界航海史上写下了前所未有的辉煌篇章。

郑和船队的外事翻译——费信

费信是随从郑和下西洋中的一员，担任使团文职，负责通事和教谕两项事务。通事就是负责外事翻译，教谕负责教化番人，传播中华文化，费信身兼两职，既要外事翻译，又要传播中华文化。

费信跟随郑和下西洋，不辞劳苦，细心观察，把沿途的见闻及亲身经历记下，由此写下对现代具有重要意义的珍贵史料《星槎胜览》。它记述了西洋40多个国家的历史、地理、政治、经济、社会生活、风土人情。《星槎胜览》与马欢所著的《瀛涯胜览》是研究郑和及郑和下西洋的基本史料。

费信像

1. 不凡的航海经历

费信的生卒年已不可考，也不知其出生何地，只略知其家境十分贫寒，从小没有正规的学习机会。但他确实是一个热爱学习的孩子，他靠自学掌握了不少的文化知识，没钱购买书籍便常常借书来读，后来他还自学了阿拉伯文。

费信长大以后替兄从军，加入了明朝官军，在明军的太仓卫服役。后来郑和7次下西洋，其中在第三次的时候，费信有幸被选进郑和的船队，他陆续参加过四次下西洋活动：第一次是在永乐七年（1409）；第二次是在永乐十年（1412）；第三次是在永乐十三年（1415）；第四次则是在宣德五年（1430）。

费信在正统元年（1436）根据自己在几次下西洋的旅行中搜集到的大量资料，整理编写了《星槎胜览》一书。书中记录的是西洋40多个国家的各国风情，其中有20多个国家他曾亲自游历过，包括暹罗国、童龙国、满剌加国、占城国、爪哇国、交栏山、旧港等，很多内容都是他的亲历亲闻，其余的记录大都摘录于

《岛夷志略》。

随郑和下西洋的除了费信外，还有马欢和巩珍，三人都写过著作来描述西洋各国，马欢著有《瀛涯胜览》、巩珍著有《西洋番国志》，这三本书都是研究郑和下西洋这段历史的第一手资料。其实，费信除了《星槎胜览》之外，还著有《天心纪行录》一书，可惜的是，这本书已经遗失。

2.《星槎胜览》与费信岛

《星槎胜览》是明代记述15世纪中外交通的史籍。作者费信，字公晓，曾以通事（翻译）之职，于永乐七年（1409）、十年（1412）、十三年（1415）、宣德五年（1430）四次随郑和等出使海外诸国。该书即其采辑20余年历览风土人物，图写而成，约成书于正统元年（1436）。该书分前后集。前集所记占城国、宾童龙国（今越南南部）、灵山（今越南中部）、昆仑山（今越南昆仑岛）、交栏山（今印度尼西亚格兰岛）、暹罗国、爪哇国、旧港（今印度尼西亚巨港）、满剌加国、九洲山（今马来半岛霹雳河口外）、苏门答腊国、花面国（今苏门答腊北部）、龙牙犀角、龙涎屿（今苏门答腊西北海面的布腊斯岛）、翠兰屿（今尼科巴群岛中的大尼科巴岛）、锡兰山国、小喃国（今印度奎隆）、柯枝国、古里国（今印度科泽科德）、忽鲁谟斯国、剌撒国（今也门木卡拉附近）、榜葛剌国（今孟加拉国及印度孟加拉邦地区）为其亲历的国家和地区；后集所记真腊国（今柬埔寨）、东西竺（今马来西亚的奥尔岛）、淡洋、龙牙门、龙牙善提（今马来西亚的凌加卫岛）、吉里地闷（今帝汶岛）、彭坑（今属马来西亚）、琉球国、三岛（今菲律宾群岛）、麻逸国、假里马丁国（今印度尼西亚的卡里马塔）、重迦逻、渤泥国、苏禄国（今菲律宾南部诸岛）、大唃国、阿丹国（今亚丁）、佐法儿国（今阿曼西部沿岸的多法尔）、竹步国（今索马里的准博）、木骨都束国（今索马里摩加迪沙）、溜洋国（今马尔代夫）、卜剌哇国（今索马里的布腊瓦）、天方国（今沙特阿拉伯的麦加）、阿鲁国（今苏门答腊岛日里河流域）等国家和地区，为采辑旧说传闻而成，其中有些内容采自元代汪大渊所著《岛夷志略》。

《星槎胜览》中提到40多个国家，书中记录了各个国家的地理位置、气候形势、重要的都会和港口，还有各国的社会制度、宗教信仰、法律制度、商业贸易、社会风俗、土特物产，及人民的生产、生活状况等各方面的情况。马欢的《瀛涯胜览》对于亚非国家的描述多有欠缺，《星槎胜览》正是在这些方面作了非常难得的拾遗补缺工作，所以此书对于研究15世纪初亚非各国的历史极具参考价值，而且对郑和使团访问西洋国家的一些情况描述翔实，所以它也是研究郑和下西洋和东西方交通史的基本资料。

为了纪念费信，南沙群岛中有一座岛被命名为费信岛，它位于南沙群岛的北部，具体位置是北纬 10 度 49 分，东经 115 度 50 分，这里还有一座以费信下西洋的队友马欢命名的马欢岛，费信岛在其北约 5 海里，这也从历史上证明，费信岛等南沙岛屿自古就是中国的领土。

延伸阅读

郑和下西洋的记录者：巩珍、马欢

巩珍与《西洋番国志》

巩珍，生卒年已不可考，生于南京，明代应天府（即今南京）人。明宣德六年（1431）至宣德八年（1433）以总制之幕随从郑和下西洋。宣德九年（1434）写下《西洋番国志》，记述了经过的 20 多个国家的所见所闻，包含各国的风土人情以及中国同亚非各国的友好交往。此书对中国的航海史及中国文化史的研究留下了极其

巩珍像

珍贵的历史资料。

郑和先后曾七次下西洋，巩珍是在最后一次的时候随船队一起出发的。巩珍从小就听过郑和下西洋的盛事，所以对此事极其向往，为此他还多次和小伙伴跑到下关江边去迎接郑和使团的船队。在巩珍 17 岁的时候终于有机会能够和郑和一起出使西洋，他跟随郑和的船队先后一共访问了 20 多个国家，包括锡兰、爪哇、占城、旧港、古里、满剌加、苏门答腊、忽鲁谟斯等。三年之后，在公元 1433 年，他才结束航行回到南京。此行令巩珍大开眼界，便写下了《西洋番国志》一书，书中详尽而忠实地描述了异域各国的生活风俗、山川地貌、物产气候等所见所闻。另外两个随行人员马欢和费信也分别著有《瀛涯胜览》和《星槎胜览》，这三本书可以说是研究郑和下西洋史料的基础书籍。而且，清代张廷玉等修撰《明史·外国传》的时候，很多内容都参考了《西洋番国志》。在异国他乡的三年海外生活令巩珍终生难忘，在晚年，他回想当年随郑和船队的出访，写了一首《卢龙山夜眺》:“北斗挂城头，长江日夜流。狮王蹲不动，鲸吼海天秋。”

当时的随行人员中，马欢是翻译，所以各国事迹都是通过马欢再转述的，现代学者向达认为，巩珍的书中很多内容都是来源于马欢的记录。《西洋番国志》全书共 20 则，卷首有三通皇帝的敕书，而且这些敕书从未在其他资料上出现过。《西洋番国志》在设置条目、篇章顺序、地区译名时，多与《瀛涯胜览》相似，而且内容也基本类同。但是《西洋番国志》的文笔更胜一筹，钱曾说它“叙事详枝，行文瞻雅”(《读书敏求记史地舆图》)。《西洋番国志》成书是最早的，早在宣德九年（1434）就已经编撰了，可能是由于它的内容多依赖于马欢的翻译记录，正如他自己所说“汉语番言，悉凭通事转译而得，记录无遗”(《自序》)，所以它的研究价值稍逊一些，正因为这样，《西洋番国志》写成之后一直都没有刊定，也就没有流行开来，以至于学术界都以为它失传亡佚了。一直到新中国成立前夕，才有人发现了它的手抄本，新中国成立之后，向达先生将其整理校注，1960 年由中华书局出版。后来，向达先生又整理校注了《郑和航海图》和《两种海道针经》，2000 年的时候由中华书局将这三本书合成一本，又进行了再版重印。

《西洋番国志》更重要的价值在于它包含了巩珍的

自序和皇帝的三通敕书。比如巩珍在《自序》中曾写到了指南针、水罗盘在航海中的应用："皆斫木为盘，书刻干支之字，浮针于水，指向行舟"，还提到水船和宝船的情况："其所乘之宝舟，体势巍然，巨无与敌，篷帆锚舵，非二三百人莫能举动。""水船载运，积贮仓舟者（储），以备用度"，而这些记述，对于中国古代航海史和科技史的研究，都有极其重要的史料参考价值。

后人为纪念巩珍，将 177- 安塘滩中一珊瑚礁命名为巩珍礁（Gongzhen Ji ɑ o）。巩珍礁在北纬 10 度 43 分，东经 116 度 10 分范围内。位于 177- 安塘滩西南侧，在 161- 火星礁 与 179- 鲎藤礁中间，西距 158- 马欢岛 20 海里，南距 179- 鲎藤礁 4 海里。1983 年公布巩珍礁为标准名称。

马欢与《瀛涯胜览》

马欢，字宗道、汝钦，号会稽山樵，浙江会稽人；回族，明代通事（翻译官）、航海家，曾随郑和 3 次下西洋。

从 1405 年至 1433 年，即明成祖永乐年间至明宣宗宣德年间，明代杰出航海家郑和历时 29 年先后 7 次下西洋，第四、六、七次航海都有马欢的参加。马欢在使团中担任翻译，是郑和的得力助手。宣德七年

（1432），郑和第七次下西洋，马欢随同。除了上几次见到过的越南、印尼、印度、斯里兰卡和伊朗之外，还到达了沙特阿拉伯等地。当郑和使团乘船抵达古里时，正赶上古里国（今属印度）命人去天方国（今属沙特阿拉伯）。郑和派马欢等 7 人带着麝香、瓷器等物，跟随古里国使团一同前往伊斯兰圣地——麦加朝圣。这是中国历史上首次具有官方身份的穆斯林朝觐行动。在麦加，天方国人热烈欢迎马欢等使团人员的到来。他们回国的时候，在当地买了狮子、麒麟（长颈鹿）、鸵鸟等很多中国人难以见到的珍贵动物，而且还带回去一幅临摹的“天堂图真本”，这幅“天堂图”描画的是人们在天堂生活的幸福美好的情景，对后来的中国伊斯兰文化产生了深远的影响。马欢使团等 7 人，一共在天方国待了长达一年的时间，从天方带回来许多奇珍异兽。在当时的人们看来，像麒麟这样的动物就是一种神兽，就像凤凰和龙一样都是有灵性的，因而

马欢像

深受明朝皇帝和大臣的喜爱。可惜的是，因为它太珍贵，一般中国百姓是不可能有此眼福的。在马欢等使团人员回国之际，天方国王派遣使节随马欢的使团一起到中国进行访问。这大大地加深了两国的友好交往。

郑和下西洋不仅仅是明初的一大盛事，放眼中国乃至世界，它也是绝无仅有的，这次的航海活动在世界航海史上绝对属于历时最长、规模最大、影响最深远的。郑和七次下西洋，马欢随行三次，先后访问了亚非 20 多个国家和地区。马欢在回国之后，根据自己的亲身经历编写了《瀛涯胜览》:“采摭诸国人物之妍媸，壤俗之同异，与夫土产之别，疆域之制，编次成帙”，书中的“瀛”指的是大海；“涯”也就是天涯海角，指水边；“胜”指的是风景名胜；“览”就是游览观光。所以《瀛涯胜览》的意思就是指海外游记。马欢取这样一个书名，他就是为告诉国人，海外的世界是多么精彩，了解西洋那边的世界也并非是那么无奈。

费信的《星槎胜览》、巩珍的《西洋番国志》和马欢的《瀛涯胜览》是郑和下西洋的产物，也是现存的研究郑和下西洋的基本史料，而马欢的《瀛涯胜览》更是弥足珍贵，它不仅在国内影响较大，在国际上也有一定的影响力，现在已经有英文和日文的翻译版本了。其中印度的著名历史学家阿里教授曾说：“如果没有法显、玄奘和马欢的著作，重建印度史是完全不可能的。”这也说明了《瀛涯胜览》的学术价值和研究价值非同一般。

著名航海家、外交家——王景弘

王景弘，福建漳平人，生卒年不详。大约在洪武年间（1368—1398）入宫为宦官。他作为航海家郑和的第一副手，同郑和一样是我国历史上伟大的航海家、外交家。

在东南亚一直流传这样一个传说，说是在七洲洋（七洲洋指位于台湾海峡西南至海南岛东北之间的海域）上有一种神鸟，据说这种神鸟“啄尖而红，脚短而绿，尾带一箭，长一尺许，名曰箭鸟”（清·陈伦炯著：《海国闻见录》），它可以为航海者导航。据清代陈伦炯《南洋记》中记载：“相传王三宝下西洋，呼鸟插箭，命在洋中为记。”这里所说的王三宝（保），就是明代的航海家、外交家王景弘。相传王景弘是利用七洲洋的这种鸟来作导航的。这虽然是传说，但也从一个侧面反映了王景弘在指挥船队航海中所作出的独特贡献。（参见陈自强著:《中国海丝文化·漳州篇：漳州古代海外交通与海洋文化》，福建人民出版社 2015 年版）

1. 担负重任

600 多年前，中国伟大的航海家郑和七下西洋，享誉世界。在这个一次次下西洋的船队的庞大队伍中，有一批福建籍的优秀航海人才，其中就包括这批航海家的首脑人物——王景弘。在出使团队中，王景弘与郑和同为首席正使，两人在下西洋的活动中配合默契，且关系密切。

明代小说家罗懋登所著的《西洋记》（全称《三宝太监下西洋记通俗演义》）主要叙写了明初太监郑和、王景弘等人挂印西征，历经千辛万苦，最终平服 39 国的故事。其中，对王景弘作了细致刻画，王景弘是一个做事深思熟虑，善用计谋，而且精通航海技术，擅长兵法的人，在下西洋的航海活动中，与郑和通力合作，屡建奇勋。

据载，王景弘与郑和同为宦官，且都是使团的正

王景弘像

使。郑和统领船队的一切事务，而精通航海技术的王景弘则发挥自己的专长，管理所有航海方面的事宜，包括船舶的征集、航行和船队的管理等。王景弘的海上经验十分丰富，具有杰出的指挥才能。在航海活动开始前，征集船舶、甄选航海技术人员、确认航海的路线等都是王景弘主要负责的工作。在航海过程中，他指挥船队的海上航行，到达一个个口岸以后，又与郑和配合行动，带领船队前往各国访问。

在明初，我国船队已经拥有当时世界上最先进的船只和航海技术。郑和团队下西洋所乘坐的船只就代表了明初时的先进水平。而王景弘作为船队航海技术方面的统领，管理着一支数量庞大的船工水手队伍，由船长、舵手、水手等专业技术人才组成。

船队组织严密，管理科学，分工负责，阵形整齐。航船上配有航海图和罗盘针等设备，为船队的安全航行提供了条件。船队每次出海，共有宝船、战船、水船、粮船、马船等大小船只200多艘，形成浩浩荡荡的队伍，是当时世界上最大的远洋船队。（参见陈忠平著：《走向多元文化的全球史：郑和下西洋及中国与印度洋世界的关系》，三联书店2016年版）

2. 政绩斐然

永乐二十二年（1424），王景弘接受任命率兵把守南京。到了九月份，设南京守备（明代官名），由王景弘和郑和共同担任此职。与此同时，他们又奉命修整“九五殿各宫院”。王景弘对南京明故宫进行整修，面貌焕然一新。明宣宗宣德年间（1426—1435），位于南京城南的大报恩寺停置了好几年还没有完成，于是明宣宗就下令命郑和和王景弘尽快施工，给他们规定到1428年全部完成。两人通力合作，终于按照规定的期限完成了整个工程。

后来郑和不幸病逝，王景弘就一人独自负责南京水军，督促将士操练。据《明英宗实录》记载：“请以各卫风快船四百艘作为战船，令都督陈政操江。上敕守备太监王景弘计议行之。”王景弘是地地道道的福建人，而福建是富有航海传统的地区，从小生长在福建，这为王景弘的航海事业奠定了基础。

到了晚年，王景弘专心整理关于航海的资料，在南京著有《赴西洋水程》一书，造福后人。这部航海专著主要介绍了有关航海的知识，此书被屡次抄录，广泛流传于民间，可以说是明清航海人员的必读本。王景弘为促进中国航海事业发展作出重要贡献。（参见陈忠平著：《走向多元文化的全球史：郑和下西洋及中国与印度洋世界的关系》，三联书店 2016 年版）

在清代人蔡永蒹的《西山杂记》中记载："王景弘，闽南人，雇泉州船，以东石沿海名导引，从苏州刘家港入海至泉州寄泊。"由此可知，在下西洋船队出发前王景弘曾在福建泉州地区征集性能优越的远洋船只和优秀的航行水手船工。"选取驾船民梢中有经惯下海者称为'火长'，用作船师，乃以针经图式付与领执，专一料理。"（《西洋番国志·序》）在福建挑选的随行人员包括泉州、长乐、莆田、永春、福清、连江等地的各类水手船工同随郑和下西洋，同时也为王景弘数次下西洋创造了有利条件。王景弘本就是福建人，又懂航船技术，和福建老乡的水手们的语言又相同，在航海活动中发挥了重要的作用。（参见陈自强著：《中国海丝文化·漳州篇：漳州古代海外交通与海洋文化》，福建人民出版社 2015 年版）

3. 航海经历

明洪武年间，王景弘入宫为宦官，侍奉燕王朱棣。建文元年（1399），王景弘随燕王朱棣起兵于北平，助其夺取政权，以“有拥立皇储功”深得成祖朱棣赏识。

第一次下西洋。永乐三年（1405）六月，明成祖下旨，令郑和组织船队下西洋。王景弘随郑和首次下西洋。郑和、王景弘一行人的船队以苏州刘家港为起点，经东海、南海，先后到占城（今越南南方）、暹罗（今泰国）和爪哇、苏门答腊、三佛齐（今印度尼西亚）等。船队经满剌加（今马六甲）到天竺（今印度）、锡兰山（今斯里兰卡），北上印度洋西岸的柯枝（今印度的柯钦）、古里（今印度的科泽科德）、加尔各答，到达忽鲁谟斯（今伊朗阿巴斯港）后返航。经过2年多的时间，他们于永乐五年（1407）九月返回南京。返回时，访问的西洋各国纷纷派遣使者携带奇珍异宝随郑和团队到中国朝贡。

第二次下西洋。郑和回国后，又紧接着进行第二次远航准备。永乐五年（1407）九月十三日，王景弘和郑和再次率领船队二下西洋，并将各国使臣送回国，还将中国的丝绸、瓷器等物品赏赐给各国。永乐七年（1409）七月，船队回到南京。

第三次下西洋。第二次出使回到南京后只待了两个月，王景弘与郑和于永乐七年（1409）就又开始了第三次出使西洋。先后到过占城、爪哇、满剌加、苏门答腊、锡兰山、小葛兰（今印度南端）、古里，抵孟加拉湾后折回满剌加。在征得满剌加国王同意后，在那里修筑城墙和仓库，然后乘船返回中国。

为郑和第四、五次下西洋做准备。永乐十年（1412），王景弘奉命到福建、浙江一带征集大批优秀的造船工匠和水手，在太仓、长乐、福州、泉州等地不但操练水师，还负责建造海船事宜，同时奉命修建天妃宫。永乐十一年（1413），王景弘跟随太子在南京监国，并负责招募舟师、监造海船等各种事务，以便郑和顺利进行第四、五次下西洋。

第六次下西洋。永乐十九年（1421）正月，王景弘和郑和奉命第六次出使西洋，并将第五次来中国的各国使节送回，将中国的锦、罗、绮、绫、纱、绢等物品分给各国。这次经过16个国家，共遣使1200人，带各国贡物随船队到中国。（参见周文林著：《航海家——郑和》，云南人民出版社2017年版）

第七次下西洋。宣德五年（1430）六月，王景弘与郑和同以正使的身份出使各国，再下西洋。这次共访问17个国家，包括占城、爪哇、满剌加、锡兰山、忽鲁谟斯等国。宣德八年（1433）郑和在归国途中积劳成疾，不幸在古里（今印度卡利卡特）病逝，王景弘独立率领团队返回中国，将郑和的灵柩带回，西洋

10 余国使臣随其到中国北京朝贡。

王景弘在郑和下西洋的整个活动中发挥了重要作用。他数次出使西洋各国，到过 30 多个国家，踏遍 60 多个地区的土地，将中国的金银、丝绸、铜铁以及各种工艺品带给西洋各国，发展了中国与亚非国家之间的通商关系，开辟了“海上丝绸之路”，不仅增进了古代中国与亚洲各国的经济文化交流，还增进了相互之间的友好关系。

到了晚年时期，王景弘专注于整理航海知识，致力于总结航海经验,著有《赴西洋水程》等书。他的《赴西洋水程》具有实用性，在民间广泛流传，可以说是航海者的实用手册。据说，“太监王三保《赴西洋水程》有赤嵌汲水一语”。（清・郁永河 :《稗海纪游》）“舟子各洋皆有秘本，云王三保所遗，余借录，名曰《洋更》。”（清・黄叔墩 :《台海槎使录》）这足以说明王景弘曾编纂航海必备的针位簿或航海图式，广大民间航海者由此学到了很多实用的航海技能，并促进了明清之际民间航海事业的发展。（参见周文林著 :《航海家——郑和》，云南人民出版社 2017 年版）

4.“王总兵路”与“景弘岛”

虽然正史记载王景弘的资料有限，名声也没有郑和那样响亮，但是他至今在东南亚各国仍深有影响，享有很高的威望，他是被人们遗忘的“郑和”。斯里巴加湾市是文莱国首都，这里有条“王总兵路”，是当地政府为纪念王总兵而命名的。据说，“王总兵”指的就是王景弘。当年，王景弘随同郑和曾到过这个地方，当地的人们用这种方法纪念他。虽然历史已经过去很久，但这条“王总兵路”一直存在，是中文两国友好交往的历史见证。

除了文莱，在其他地方还存留了30多处有关郑和、王景弘的遗迹,尤其是东南亚各国。在印尼的三宝垄市，就有三宝洞、三宝井、三宝墩等。在清代乾隆年间的王大海（福建人）的《海岛逸志》中，不止一次记载了“王三保、郑和等至西洋采买宝物”,均把王三保（景弘）放在郑和前面来说，有的还只单提王三保，由此可见王景弘在爪哇三宝垄的名声比郑和更大。

据说，王景弘也死于海外，王景弘曾在三宝洞中养病，死后葬于今日印尼爪哇岛三宝垄市三宝洞附近。因此，相信此传说的东南亚的华侨都会祭祀郑和的三宝洞庙宇和毗邻的王三保墓，将其当成求神保佑和赐福的对象。每年的农历六月二十九日，印尼爪哇的当地华侨为表达对郑和、王景弘的景仰和怀念，便在这天举行纪念三保大人登陆的节日，这成为印尼爪哇地方的风俗习惯，增强了当地华侨的凝聚力。（参见冼杞

然著 :《郑和》，金城出版社 2011 年版）

据记载 :“宣德间，太监王三保舟下西洋，因风过此。”（清 · 高拱乾 :《台湾府志》）在当地留下“三宝井”“三宝姜”“三保药”等记载。这些记载表明，王景弘当年曾到过我国的宝岛台湾，还为当地人作了不少贡献。为了纪念王景弘的航海功绩，1945 年抗战胜利后，当时的国民政府接收了原被日本侵占的南中国海岛屿，并将原南沙群岛中的辛科威岛命名为景弘岛。这些同样证明了王景弘在中国的海洋事业中的突出贡献和地位。（参见周文林 :《航海家——郑和》，云南人民出版社 2017 年版）

延伸阅读

明代的华侨政策与华侨群体

洪武元年（1368），明太祖推翻了元朝的政权之后，对于海外贸易还是采取严格控制的手段，厉行“海禁”政策。除政府与海外贸易国家建立一定关系外，对于私人海外贸易一律禁止。其目的在于肃清元朝抗明残余势力，预防他们勾结海外诸国，组织力量准备卷土重来。并坚决制裁内地人民借贸易之名下海接济不逞之徒和反抗分子。所以规定金、银、钢铁、缎匹、兵器等为违禁品，而不许携带出口。明初倭寇在东南沿海骚扰，为了防倭，明政府甚至不许渔船出海。所以明朝“三令五申”,一则出示“禁濒海民私通外国”(《明太祖实录》)；二则“申禁人民，无得擅出海与外国互市”(《明太祖实录》);三则强调“敢有私下诸番互市者，必置之重法”(《明太祖实录》)。通过朝贡关系进行贸易的国家亦只控制到10多个国家，又一度废除广州、泉州、宁波的市舶司，禁止国人买卖和使用海外的香料。这样闭关自守的海禁政策，不能不使明初的海外贸易衰落下去，造成“诸番国使臣客旅不通”的现象。

直到永乐年间（1403—1424）情况才有所转变。一因西北边防和东南海防已逐步稳定，中央专制政权也日益巩固，海禁政策不像以前那样严格执行。二因农业和手工业生产都得到恢复和发展，商业资本也跟着活跃起来，生产出来的商品要求有适当的更多的销路，因而更加推动了发展海外贸易的要求。三因封建地主阶级分子，特别是东南沿海的大官豪绅，不少人把从农民身上剥削来的钱财投入商业活动，积累他们的资本，提高他们的经济地位，同时要从海外取得奇珍异宝，来满足他们的奢侈生活。四因明成祖巩固政权后，就想宣威海外，积极发展海外关系，以上国自居。

他即位后不久，就派太监马彬出使爪哇、苏门答腊诸国，李兴出使暹罗，尹庆出使满剌加、柯枝等国。永乐三年（1405）又有郑和下西洋的盛事。永乐初年（1403），明政府不仅恢复了已经废除的福建、浙江、广东3个市舶司，还继续添置交趾、云南市提举司（市舶司置提举官以领之）；并置驿于福建、浙江、广东3市舶司来接待外来客商。福建曰来远，浙江曰安远，广东曰怀远，都包含着招徕和柔远之意。其接待对象就限于“西南诸国朝者”。可见那时候的海外贸易还是以朝贡贸易为主。所谓朝贡只是形式，通商却是实质。海外来的使团人数没有规定，一来就是一大批，带来的货物就在会同馆开市出售。进贡给皇帝物品后，也会获

会同馆遗址

得加倍的赏赐。我国封建君主对于外邦朝贡礼品的回答，往往采用“厚往薄来”的原则，以示大度和慷慨。这样一来，朝贡贸易的次数自然增多。海禁宽弛之后，中国与外国人民的相互往来和贸易也越来越频繁了。

自永乐三年（1405）后遂有郑和七下西洋的大事。郑和自永乐三年至宣德八年（1405—1433）7次出使西洋，历时29年，访问国家凡30多个。从中印半岛到印度半岛，从阿拉伯半岛到非洲东岸。其中东南亚国家和地区有14个。郑和下西洋的目的主要在发展海外贸易关系和同外国建立政治关系，换言之，即建立“宗主”和“附庸”的关系。使船所到之处，以金银钱钞、上等丝织品、瓷器和其他手工业产品来换取当地土产，如象牙、犀角、明珠、异香之类。这是互助互利的公平交易，受到海外人民的普遍欢迎。他们也乐意中国人移居其地，共同发展生产。

郑和使团下西洋是具有和平使命的，所到之处，都尊重被访问国的主权、当地的人情习惯和宗教信仰。公元8—9世纪，伊斯兰教已逐步传入印度和马来半岛各地，信奉伊斯兰教的阿拉伯和波斯商人在印度洋非常活跃，通过海上贸易进行传教，到10世纪，发展相当迅速。一人信奉伊斯兰教，全家人都入教，国王或部族首领信奉伊斯兰教，全国或整个地区的人几乎都成为教徒。明帝遣郑和下西洋固然是用人唯贤，但也可能因为郑和信奉伊斯兰教，从宗教角度考虑，故有此命。郑和的部下也有不少伊斯兰教徒，除《瀛涯胜览》的作者马欢，还有一位精通阿拉伯文的教长哈三随行，担任翻译。郑和使团对异邦的友好态度是值得赞许的。使船一到，出现了“天书到处多欢声，蛮魁酋长争相迎”（明·马欢：《瀛涯胜览》）的热闹场面。

15世纪，我国航海事业的发达，没有任何其他国家能够比得上，中国船舶在印度洋上畅行无阻。郑和船队7次远航，由南海入印度洋进入波斯湾而到达非洲东岸之举，比哥伦布及华斯哥·达·伽马发现新航路还早数十年。西方学者也一致承认郑和是世界伟大的航海家。奥古斯特·图森说：“中国人在公元1世纪，已经和南部印度进行贸易；在7世纪，他们就进入了印度洋最勇敢的航海家的行列；在9世纪，他们就有了比阿拉伯人或泰米尔人所造的船更为灵巧的远程帆船；在13世纪，人们开始感觉到了他们在孟加拉湾的海上优势。在15世纪前半个世纪……由郑和统率的7个巨大的海军远征队访问了印度洋东西两个海域的主要港口，要求进贡和服从中国皇帝。然而，在1433年，当中国拥有一切必要的东西——好船、火药和指南针，可用以取得对印度洋诸海控制的时候，突然，由于一些不知道的原因，中国忽又掉头离开了这个海洋。”15世纪后期，中国政府已不再派遣庞大舰队出入印度洋了。其原因是多方面的:①郑和等7次出洋，极为耗费，劳民伤财,国库锐减。虽然“所取无名宝物,不可胜计”，但大都不是人生活日用的必需品，因此引起大部分人的反对，朝廷不再派遣下洋的舰队。②历次到西洋贸易的宝船，带回大批海外特产，其数量大大超过统治阶级的需要，存货山积，供过于求，南京文武官员的俸米，曾一度用胡椒和苏木折钞支付。胡椒每斤准钞100贯，苏木每斤准钞50贯。在钱钞不足而洋货过剩的情况下,实无必要从外洋大规模输进商品了。③永乐、宣德二朝为明代国势最盛的时代，此后由于农民起义和统治阶级的内讧,国势逐渐衰落,明朝已不能再作“耀兵异域，宣威海外”（《明史·郑和传》）的豪举了。

宣德八年（1433）后，不闻明朝有大规模派船出国贸易的事。不过民间出洋谋生和贸易的更多于前，中国帆船还是出没于印度洋上。直至16世纪西方殖民者东来后，局势才有所改变。

根据郑和的随员马欢、费信和巩珍的记录，东南亚的华侨已经聚族而居了。例如爪哇有一处地方名杜板，“此处约千余家，以二头目为主。其间多有中国广东及漳州人流居此地，鸡羊鱼菜甚贱……于杜板东行半日许，至新村，番名曰革儿昔，原系沙滩之地。盖因中国之人来此创居，遂名新村，至今村主广东人也。约有千余家。各处番人多到此买卖。其金子诸般宝石一应番货，多有卖者，民甚殷富。自新村投南，船行二十余里，到苏鲁马盖，番名苏儿把牙，其港口流出淡水，自此大船难进，用小船行二十余里至其地，亦有村主，掌管番人千余家，其间亦有中国人”。记录又说：“国有三等人：回回人，唐人和土人。”“一等唐人，皆是广东、漳、泉等处人窜居此地，食用亦美洁，多有从回回教门受戒持斋者。”（明·马欢：《瀛涯胜览》）可见此地伊斯兰教的盛行，华侨亦多信奉。

还有爪哇属下的旧港，即渤淋邦，古称三佛齐。“国人多是广东、漳、泉州人逃居此地，人甚富饶，地土甚肥。谚云：一季种谷，三季收稻，正此地也……昔洪武年间，广东人陈祖义等，全家逃于此处，充为头目，甚是豪横，凡有经过客人船艘辄便劫夺财物。至永乐五年，朝廷差太监郑和等统领西洋大宝船到此处。有施进卿者，亦广东人也，来报陈祖义凶横等情，被太监郑和生擒陈祖义等回朝伏诛。就赐施进卿冠常，归旧港为大头目，以主其地。本人死，位不传子，是其女施二姐为王，一切赏罚黜陟皆从其制。”（明·马欢：《瀛涯胜览》）

渤淋邦本是三佛齐属地，三佛齐被爪哇的满者伯夷国（1293—1451，元史籍称麻喏巴歇国，曾反元入侵，统治马来半岛南部、婆罗洲、苏门答腊和巴厘岛）灭亡后，华人流寓者起而据之，名之为旧港。《明史》关于流寓旧港的华侨记载很详细。据说：“有梁道明者，广州南海县人，久居其国，闽粤军民泛海从之者数千家，遂推明为首，雄视一方。会指挥孙铉使海外，遇其子，挟与俱来。永乐三年，成祖以行人谭胜受与道明同邑，命偕千户杨信等赍敕招之。道明及其党郑伯可随入朝贡方物，受赐而还。四年，旧港头目陈祖义遣子士良，道明遣从子观政并来朝。祖义亦广东人，虽朝贡而为盗。海上贡使往来者苦之。”（《明史·外国传五》）

从上文来看，梁道明可能是一个私商，长期在旧港做买卖。此地很肥沃，容易生活，又是一个良好港口，贸易方便，所以许多福建的海商都集中在这个地方成家立业，以数千家而论，大概有过万人了。旅居三佛齐的华人拥戴梁道明为三佛齐王。梁道明领兵守卫三佛齐北方疆土，对抗满者伯夷，10年间有几万军民从广东渡海投奔梁道明，梁道明当然可以“雄视一方”了。梁道明的身份可能是算不上真正的国王，至少也是一个“港主”。明成祖既然召他回国，他本来可以不受约束的，但不妨通过朝贡方式来进行一次贸易。至于陈祖义，一个旧港头目。他“甚是豪强”，而此地“人多操习水战”，可能别处商船路经港外，陈祖义等人要收他们的买路钱，或者强迫他们的船入港进行贸易，以便抽税。究竟陈祖义有无潜谋邀劫郑和的舰队之事，如《明史》所载，亦无佐证，他与施进卿的关系亦不明了。

据友人陈育崧的考证：施进卿是满者伯夷王委派到旧港管理宗教和行政事务的大臣，号“旧港管事官”。他最少有二女一子。俾那智是最大的女儿，其次是二姐，即施二姐。济孙可能是独子。施进卿死于永乐十九年（1421），死后家庭分裂，施二姐变为旧港大头目。济孙为着争权，向明朝请求承认，明朝答应。所以郑和不得不过问这件事情。郑和第六次下西洋，于永乐二十二年（1424）一月从中国起航，同年八月就回航了。所到的地方只限于旧港，似乎专为解决这件事情。但郑和此次没有完成任务。因为马欢于1431年最后一次下西洋时还见施二姐当权，济孙默默无闻了，俾那智也不在旧港。

印尼三宝垄

俾那智走入爪哇，满者伯夷国王任她为革儿昔的港主。港主的地位很重要，她是国王与外商之间的联络人。负责抽收下碇税和商品入口税，有类于中国唐宋元明的市舶司。

郑和与施进卿的关系不比寻常，其中之一就是宗教关系，两方都是回教徒。否则施进卿死后，郑和就犯不着冒风浪远来过问施氏家事了。

东南亚地区关于郑和的传说是很多的。例如印尼三宝垄的华侨中就盛行下面的传说。

约在550年前，明成祖派舰队到南洋搜寻被一头大白象带走的国玺。在三宝（郑和）太监指挥下，舰队由太平洋群岛到阿拉伯，访问了许多地方，使许多国家归顺明朝。

当舰队驶到爪哇北岸时，三宝的副手（王景弘，Ong King Hong）病得很严重，三宝下令舰队在一个湾下碇，即今三宝垄港，然后用他的座船驶入加隆河，离岸不远，发现山边有一个山岩洞，暂时可以栖身，三宝的随从人员就筑起一小屋给病人疗养。三宝配制了一些药物给病人，病情渐有好转。约10日后，三宝决定继续航行，留下一艘船，10名人员和足够的给养品给王景弘。

王景弘休养的时候，就指挥随从的人，清理土地，种植庄稼，建筑房屋。甚至完全复原后，他也不回中国，而是用他的船来贸易，来往于爪哇北岸。他的部下也和印尼妇女结婚。这个华侨区逐渐繁盛起来，许多印尼人也在他们附近建立农庄，成为华侨区的一部分。

王景弘像三宝一样，是一个虔诚的回教徒。他把回教的道德观念、教理和宗教仪式，传授给印尼人和当地的华人，花费了不少精力和时间。此外，又劝他们尊敬三宝的伟大成就和崇高品德。他在岩穴中置三宝的小塑像，按规定时间率众进行礼拜。王景弘 87 岁才死，丧葬采用回教仪式。他死后被称为“三宝的可敬的航海家”，按照爪哇历规定的日期，印尼人和中国人共同进行礼拜。三宝亦享有尊号，称为“伟大的三宝”。中国阴历每月初一和十五，当地人都前往烧香礼拜。这个地区越来越繁荣了，但人民对三宝和王景弘的敬意还是不衰。等三宝垄城终于建立起来，人们就把三宝作为保护神来祀奉。

郑和是否到过三宝垄和王景弘是否留在印尼的事，中国史书没有记载，但我们不能因为没有记载，就完全否定这件事情。而且古代的传说往往不能与历史事实截然分开。三宝垄的华人从不怀疑郑和来过三宝垄，而且在今天岩穴地址附近立庙来纪念他。不论有无其事，但最早在三宝垄建立居留地的就是中国商人，而辛勤开发这个地区的也是中国人，这是大家承认的。

在15世纪初，中国与马来半岛的满剌加发生政治关系。当时满剌加附属于暹罗，永乐元年（1403），永乐皇帝遣太监尹庆出使西洋，对满剌加赐以织金文绮、销金帐幔诸物，其酋拜里迷苏剌遣使随尹庆入朝，明成祖封其为满剌加国王，并赐诰印、彩巾、袭衣、黄盖等。郑和于1409年亦访问过满剌加。满剌加王于1411年曾率妻子陪臣540余人来中国，回时受赏赐甚厚。

中国和满剌加的政治关系和贸易，在《瀛涯胜览》《星槎胜览》及《西洋番国志》中都有记载。究竟15和16世纪满剌加有无华侨或长期侨居于此的中国人呢？我们从其他古书上能找出一些资料。例如黄衷《海语》卷一关于满剌加条说："俗禁食豕肉，华人流寓或有食者，辄恶之，谓其厌秽也。"这说明满剌加人信奉回教，不吃猪肉，而华人是吃的。又如《明史·满剌加传》说："男女椎髻，身体黝黑，间有白者，唐人种也。"这就是说明当地华侨有在本地通婚，生儿育女之事。

在外文资料中，也可以找出有关满剌加华侨的佐证。例如1511年攻占满剌加的葡将达·阿尔布尔克的《纪事》说，满剌加第二个国王沙肯达尔萨娶了"中国船长大王"的女儿。谁是中国船长，可以不必理会。但这位船长必然久居满剌加，和当地妇人结婚后生的女孩子，长大后嫁与国王。他也许是满剌加的华侨首领，

三宝山

拥有王者之权。

据1613年伊里狄所绘的满剌加城市图，在满剌加河西北，标有中国村（今吉宁仔街至水仙门一带）、漳州门及中国溪3名字，即华侨的居留地。城的东北隅有三宝山（或称为中国山），高39英尺，自明末清初始已成为华侨公墓。山麓有井，亦名“三宝”。人们相信为郑和随从所掘，井水清冽，500年来未尝变味。我们从上述材料看来，15、16世纪满剌加确有华侨存在，甚至建立了华侨区。

明代黄衷的《海语》一书，专记满剌加及暹罗之事，因为15世纪末16世纪初，广东省人到这两国贸易的很多，回国的华侨海客亦不少，都向黄衷提供了一些新的情况，所以《海语》一书自有它的特点，比清人编的《明史》翔实得多。《明史·暹罗传》没有提到华侨，而《海语》就谈到了。它说 :“有奶街，为华人流寓者之居。”这就是说，15 世纪末 16 世纪初，暹罗已有“唐人街”了。根据史籍，移居暹罗的华人以广东的潮汕人和福建的漳泉人为多。

关于明代中国人移居到菲律宾的情况，中国古书上记载不够具体，特别是西班牙殖民者占领菲律宾后，中国方面更不容易了解菲岛华侨的情况了。但西班牙人还是有些记载。1570 年，侵略头子累加斯皮说 :“在城（马尼拉）内居住的有 40 个已经结婚的中国人和 20 个日本人。”又 1571 年，有一个佚名的作者说 :“所有中国人，男女在内，数约 150 人。”直至万历年间，张燮在《东西洋考》中才谈到菲律宾华侨的事情 :“华人既多诣吕宋，往往久住不归，名为压冬，聚居涧内为生活，渐至数万，间有削发长子孙者。”可见菲律宾华侨人口 50 年内由数百增加到数万，可谓发展迅速了。

万历时，“婆罗（又名文莱）……为王者闽人也 ；或言郑和使婆罗，有闽人从之，因留居其地，其后人竟据其国而王之。”（转引自维基百科 :《婆罗》）婆罗是一个小地方，而为王者是闽人，可见华人留居此地的一定很多。

三进西域的明朝使臣——陈诚

15世纪，明成祖重视海外航运，于是有了郑和七下西洋的伟大壮举。同时他也没忘记对西域的经营，多次派遣使者开拓和保持同西域各国的联系。在诸多出使西域的使者中，陈诚是最有影响、最负美名的一个。

明朝著名外交使节陈诚（1365—1458），字子鲁，江西吉水（也有说是临川）人。明洪武年间（1368—1398）进士，曾任翰林检讨。由于他能任贤荐能，善交少数民族，后升任吏部员外郎。明成祖永乐年间（1403—1424），西域和中亚撒马尔罕等国派使臣向明朝“年年进贡，岁岁来朝”。为了答谢诸国，朝廷曾令文武双全的大臣出使西域。陈诚身负重任，先后3次出使西域，足迹远及中亚帖木儿帝国的名城哈烈（今阿富汗的赫拉特市）。

1. 三次出使中亚

早在洪武二十九年（1396）春，陈诚就曾奉明开国皇帝朱元璋之命，赴河西招抚撒里畏兀儿诸部，同年又赴安南谈判领土纠纷。建文三年（1401）他曾出使蒙古。这几次出使，使他积累了与周边各民族和国家交往的经验。

公元1403年，燕王朱棣把他的侄子拉下皇位，自己当了皇帝，史称明成祖。成祖是一位有开拓精神的皇帝，当他站稳脚跟并且在国家积蓄了一定实力之后，便派郑和下西洋，派使节“通四夷”。陈诚曾有过的出使经历，使他成为“通西域”的合适人选。

朱元璋推翻元朝以后，元朝在中亚的余脉帖木儿曾想像其祖先成吉思汗那样征服世界，却不幸病逝于远征中国的途中。帖木儿死后，帝国陷入混乱。永乐五年至六年（1407—1408），帖木儿之子沙哈鲁平定乌浒河外地区与伊朗东部，继承了帖木儿的汗位，但汗国实力已远不如曾经驰骋中亚的帖木儿时代，只得向大明皇帝遣使朝贡。

永乐十一年（1413）七月，沙哈鲁从哈烈城派出的使团到达北京。成祖十分高兴，随派出中官（宦官）李达等人组成出使西域的使团，护送沙哈鲁的使团回国，并回访其国。陈诚在这个使团中充任书记官。

沙哈鲁像

陈诚动身前，友人胡广在送行时曾劝他在域外“考其山川、著其风俗、察其好尚、详其居处、观其服食”（胡广著：《送陈员外使西域序》），出使归来后可查证旧史记传，纠正谬误，使之成为将来国家修纂国史时可以参考的资料。后来，陈诚在出使中果然详记经历，归国后按胡广的意见撰写了《西域番国志》和《西域行程纪》。

以李达为首的使团于次年正月从肃州（今酒泉）出发，出嘉峪关，经玉门、敦煌、哈密等地到达吐鲁番。使团计划取道东察合台汗国，便在崖儿城（今吐鲁番交河故城）停留 17 日，打听道路。使团在离开崖儿城时分为两队，一队向北，由李达率领；一队西行，陈诚在此分团中。西行分团经托逊，跨越博脱山，在阿达打班翻越天山，到达孔葛思河（今伊犁河上游支流巩乃斯河），再西行时，便遇到东察合台汗国马哈麻王派来迎接明朝使节的官员。

西行分队在该汗国驻地停留了13天，于五月初继续西行。他们渡伊犁河而南，沿伊塞克湖北岸和今哈萨克斯坦与吉尔吉斯斯坦边界向西，到达赛兰城（今哈萨克斯坦奇姆肯特）。而李达的分队已经先期到达那里。于是两队又合而为一，继续向西南行进，进入今乌兹别克斯坦境，经达失干（今乌兹别克首都塔什干），继续南行至沙鹿黑叶。

明使团派人向沙鹿黑叶城首领也的哥儿哈班送去明政府的赐品。由此西行，至帖木儿的诞生地渴石。由渴石南行不远至山中的铁门关（今乌兹别克南部的边境城市铁尔梅兹），其自古以来就是粟特与大夏的自然分界。

明朝使团越铁门关、渡阿姆河后，又走了数日才到达沙哈鲁驻地哈烈城。

这次出使，明朝使团途经16个国家，受到西域各民族人民的欢迎，产生了很大影响。明使团归国时，哈烈、失刺思、俺都淮、撒马尔罕（今乌兹别克撒马尔罕州首府）和今新疆的火州、吐鲁番等地的首领，都遣使随团同行，向明朝入贡。

永乐十三年（1415），明使团与随行的西域各国使者到达北京，受到明成祖款待。使团的负责人李达以及使团的成员陈诚等受到明成祖的封赏。

永乐十四年（1416）秋，上述西域各国使团离开北京归国，明成祖命鲁安和陈诚与之同行，再次出使西域。明政府命使团携带丰厚礼品，送给帖木儿帝国大汗沙哈鲁及其驻守在撒马尔罕的长子兀鲁伯、安都淮的首领赛赤答阿哈麻答罕、失刺思的首领亦不刺金。

此行所取路线与上次出使不同，是沿天山南麓西行，从新疆喀什附近进入费尔干纳盆地，并拟赴波斯的亦思弗罕。所以使团还携带了赐给费尔干纳盆地的俺的干（今安集延）和亦思弗罕（今伊朗第二大城市伊斯法罕）首领的礼品。此次出使历时两年，陈诚等于永乐十六年（1418）四月回到北京。与陈诚一起到达北京的有帖木儿帝国的使臣阿儿都沙。

同年九月，阿儿都沙启程归国，成祖又命李达与陈诚同行，第三次出使中亚。这次使团还携带了给使团途经地哈密王免力·帖木儿和亦力把里王歪思的礼品。陈诚等完成出使之后，于永乐十八年（1420）十一月回北京。明朝的这次出使在帖木儿帝国的史料中亦有记载。

永乐十九年（1421）春，明政府又计划派陈诚出使西域，但因为这年四月初八发生明皇宫突然失火的事件，明政府下令“大赦天下，停止四夷差使”。这次出使未能成行。

永乐二十二年（1424），明政府恢复与四夷交往。当年四月再派陈诚出使西域。陈诚五月从北京出发，抵甘肃后正准备出嘉峪关，突然传来明成祖去世的消息，陈诚遂停止向西域进发，后被召回北京。

陈诚前两次出使西域，皇帝都很满意，第三次出使归来却未得到应有的重视，朝廷仅仅给了他一个“广东参政”的头衔。陈诚辞不就职，自此一直过着隐居生活。“诚居官畏慎守职，不妄与人交，居闲三十余年，绝口不挂外事，徜徉泉石，超然世外，时人高之。”（清·李兴元：《吉安府志·列传》）陈诚被冷落，同朝廷内部官僚之间内争、倾轧有关。后来，陈诚的名字很少有人注意，《明史》亦不为列传。直至他的两部著作被发现以后，他的业绩才引起人们的关注。

2. 出使的历史意义

陈诚在出使过程中悉心记载了所闻所见，形成两本很有价值的著作《西域行程记》和《西域番国志》。

这两本书记述了明朝使团第一次从肃州（当年酒泉郡的政治中心肃州城城址在今酒泉市）起程后的具

撒马尔罕城的建筑

体路线,对沿途各地的风土人情等作了详尽记载。其中,对今阿富汗、乌兹别克境内的赫拉特和撒马尔罕城的描写尤为详细生动。例如描述当地的建筑风格:房屋呈长方形,不用栋梁,墙壁门扇雕绘花纹,屋内铺地毯。记录当地的风土人情:衣着崇尚白色,人们席地而坐,肉饭以手取食;丧葬不用棺木,富户人家多在坟头筑一高屋;不祭鬼神,不奉祖宗。也如实地叙述了当地的婚姻习俗:多以表姊妹为妻妾,兄弟姊妹可通婚。还写到当地人的社会生活:有七日一次的集市贸易,本地人称“巴札”。老百姓有以射葫芦为乐的习俗:葫芦内藏白鸽,以射中后白鸽不死决优胜。农业有种五谷、养蚕桑,但不如中原兴盛。

这一时期,慕名而来的很多国家派使节和商人前来中原朝贡，当时商业贸易活动已相当活跃。明朝廷对此也持开明态度，敞开胸怀接纳。例如永乐十八年（1420），哈烈、巴达克山（今塔吉克东部和阿富汗东部）等地的商贾500余人，就是沿着陈诚走过的路线东进的。

延伸阅读

明代的民间海外航运活动

郑和下西洋之后，明朝廷的“赍赐（赏赐、赠送之意）航海”急剧衰落，代之而起的则是民间海外航运贸易。尽管这一活动屡遭朝廷的明令禁止与严格限制，但它还是按自身的发展规律曲折地成长起来了。

一、民间海外航运贸易活动的主要特征

海上走私成为明朝海外贸易活动的主要特征，这被认为是中国古代航运发展到封建社会晚期所必然出现的时代特征。

首先，因为东南沿海各阶层有发展海外贸易的迫切需求，这是海上走私开始的起因。15世纪中叶以后，明王朝各种腐败的弊端暴露出来，大量的农田被官僚地主阶级霸占,农民遭受残酷的剥削。当时,“吴中之民,有田者什一，为人佃作者十九”(《日知录·卷一〇》),闽、广一带情况也如此。少数的权贵豪绅在抢夺了巨额财富后，为了满足自己的奢华私欲，对从海外购买奇珍异宝供自己玩乐有着浓厚的兴趣和强烈的愿望。对于一般的地主与商人而言，明代商品经济的发展已经使两者日益交融。除了投资土地外，他们也把注意力放在经营手工业与海外贸易上，就是为了快速地攫取更多的财富。然而，大量土地已经被权贵们侵占，使得通过以购买的方式实现商业资本向土地资本转化的企图受到抑制。他们的主要投资方向就转为私人海外贸易。同时，由于地主阶级掠夺，广大东南沿海农民纷纷破产。浙江一带“饥寒困苦者十八九”；江南一带，即令是“天下称殷富”的嘉、湖、苏、常，也是“一家富来九家贫”，到处“人烟萧索”，有“民逃亡者”。民众生活贫困，众多被权贵掠夺的沿海居民，不得已走向海洋来谋生。

明王朝的海禁政策也是海上走私昌盛的原因。我国南方的沿海的江、浙、闽、粤地区，海运条件非常优越，航运传统也十分悠久。尤其是宋、元时期兴盛的民间海外贸易，不仅增加了国家的财政收入，还使沿海居民得以发家致富。明代手工业与商品经济日益发展，海外航运能带来巨大的顺差。但是，封建统治者只想到自己的利益，制定了海禁法令，使任何民间的海外贸易均属于非法；但开展海外贸易又是东南沿海各阶层人民生存的迫切需求，这就不能不使得海外走私盛行甚至猖獗起来。

洪武年间，海禁十分严格，“缘海之人往往私下诸番，贸易香货”（《明太祖实录》卷二三一）。统治阶级内部的一些官僚权贵与海防将吏以权走私。如洪武四年（1371），就有“福建兴化卫指挥李兴、李春私遣人出海行贾”（《明太祖实录》卷七十）。虽然朝廷屡屡禁止，但是仍有一些“军民无赖”“遁居海岛”，与海外商人勾结。宣德年间，官办“赍赐航海”急剧膨胀，虽对民间依旧海禁，但私下的海外贸易也慢慢开始抬头，尤其是宣德初期，沿海官员军民“往往私造海舟，假朝廷干办为名，擅自下番”（《明宣宗实录》）。

在正统至正德年间，海外走私迅速发展壮大。当时，“豪门巨室间有乘巨舰贸易海外者，奸人阴开其利窦，而官人不得显收其利权”（明·张燮：《东西洋考》卷七）。有些海商还假冒海外的“贡献至者”，在沿海地区做起“椒木、铜鼓、戒指、宝石”的贩卖生意。

嘉靖年间的海禁极严，但海外走私却更加疯狂。据《明世宗实录》称，当时走私者有权豪做靠山，有的“交通诱引”“迎贩私货”；有的“私造双桅大船下海，名为商贩，时出剽劫”；有的“私充牙行，居积番货，以为窝主”；有的“藏匿无赖，私造巨舟，接济器食，相倚为利”；甚至有人打着倭寇与海寇的旗号，公然进行集团性的武装走私。嘉靖二十六年（1547），总揽浙、闽军政大权的右副都御史朱纨奉命厉行海禁，“革渡船，严保甲，搜捕奸民”，不但激起了沿海“不肯缚手困穷”者“连结为乱，溃裂以出”，甚至“连结远夷，乡导以入”（张燮：《东西洋考》卷七），而且遭到了浙闽官僚地主林希元与给事中叶镗，御史周亮、谭九德等人的联合反对。他们攻讦朱纨攻剿海上走私据点双屿岛时“专擅妄杀”，迫使嘉靖帝下诏对他“罢职待勘”。嘉靖二十九年（1550），朱纨入狱，自知有罪，于是饮药自杀。

朱纨像

隆庆年间，随着海外贸易越来越兴旺繁荣，朝廷解除了许多海禁措施，只是一些海运条令规定了很多限制条件，而且还需要负担重税。这些措施并未能抑制海外走私，甚至更加猖獗。当时很多海外贸易投机者有的买通官府，相互勾结，进行走私活动；有的铤而走险，就私自违禁下海，或找各种借口留在海外经商；有的贿赂检查官员，少算点船只数量，隐匿部分货物不上报，偷税漏税……诸如此类，不一而足。与此同时，由于明末政府对沿海管理松弛，腐败丛生，再加上西方船队的入侵，海上走私的海商为了维护自身利益，拉帮结派，形成了巨大的武装集团，经济实力不容小觑。所以，此时海外贸易业的控制权实际上被这些强大的走私团伙所操控。

二、民间海外航运贸易活动的组织形式与船员结构

在明代，民间的海外贸易活动组织形式有两种，除了部分小规模的“散商”船队，主要的还是大规模的武装船队。“散商”一般都是一些比较守规矩的小本商人，他们遵守朝廷条令，在“开禁”时期活动，这些人数、货物都较少，水手和船只都是大家一起雇用的，同去同归。在“海禁”时期，不可避免的，也会有一些不法“散商”违禁走私，偷税漏税，但是他们如果不幸遇到海上的官兵，那就在劫难逃了。所以，长期的“海禁”状态下，他们的组织形式比较零散，他们的活动也常常具有临时性，不构成大的影响。

在明代海外贸易中，发挥重大作用、产生重大影

响的是大规模的武装走私船队，这种船队中，船只最少也有几十艘或上百艘，大型的船队甚至拥有几千艘船只，人数自然也多，少则几百人，多的可以达到上万人。海运走私毕竟犯法，所以他们为了抵抗官府，一般大型的船队都有属于自己的强大武装力量，还有属于自己盘踞的岛屿、港口等组织基地。他们不但控制着海域、航道、海上贸易，还攻掠沿海城池，久而久之，在明朝统治者的眼里，他们就成了名副其实的“盗寇”，对社会的经济和贸易构成重大冲击和影响。

在明代，这种特殊的海上武装集团活动，是民间海外贸易的主流形式，历时多年，屡禁不止，从一个侧面反映出封建政府的腐败和无能。

三、民间海外航运贸易活动的沿革

“海禁”政策共持续近200年，可民间海上贸易从未间断过，这其中出现了很多的海上贸易武装团伙，曾称霸一方。

据史载，洪武元年（1368）的占城沿海一带，有“海寇张汝厚、林福等自称元帅，劫掠海上”的故事，后来他们败于占城国王，“贼魁溺死，获其舟二十艘，苏木七万斤”（《明太祖实录》卷八四），从中可见大规模海外贸易武装集团的普遍存在。永乐元年（1403），中国的沿海居民很多都在东南亚经商谋生。新加坡海峡一代就流传着“华人流寓者”“雄视一方”的说法，领头人是广东南海县人梁道明，“闽粤军民泛海从之者数千家”(《明史·三佛齐传》)。还有一位领头的叫陈祖义，广东潮州人，手下聚集了5000人，拥有数十艘的战船。后来，明朝廷开始推行官方独占“赍赐航海”的政策，还同时对“海寇”采取两手战略，一方面剿除，一方面安抚，最终导致南洋一带和东南沿海的武装集团纷纷作鸟兽散。正统至正德年间，海上走私活动在慢慢好转，即使“公法荡然，而海上晏然百年”（陈子龙：《皇明经世文编》卷二七〇），但历史文献中几乎没有了关于“海寇”的记载。可是从嘉靖年间（1522—1566）开始，明朝统治者贪污腐败，欺压人民，“宠赂公行，上下相蒙，官邪政乱，小民迫于贪酷，苦于徭赋，困于饥寒”（樊树志：《晚明大变局》，中华书局2015年8月版），再加上“严禁商道，不通商人，失其生理”，于是沿海的商人为了自救先后下海，导致“弱者图饱暖旦夕，强者忿臂欲泄其怒”“转而为寇”的局面，于是“海寇”又开始兴起（参见唐枢：《御倭杂著》）。

在嘉靖五年（1526）的时候，有一位叫邓獠的闽商，违反了海禁条令，还杀死了官员，逃命到了海上，后来在浙江双屿（今六横岛与佛渡岛）安营扎寨。从嘉靖二十年（1541）开始，海禁愈加严格，但是聚集前往双屿的海商也越来越多，像如许一（许松）、许二（许栋）、许三（许楠）、徐铨（徐碧溪）、王直（王五峰）、李光头、毛海峰等接踵而至。他们拉拢豪绅，买通官员，常以中国财物与海外投机客市易，所以在利益的驱动下，很多外国的海盗贸易船队也闻讯而来，络绎不绝。

双屿成为了海上走私活动的聚集地，这让明朝政府惶恐不安。嘉靖二十六年（1547），发生了一起纵火械斗事件，起源是余姚的接引窝主谢氏和葡萄牙海商的财产纠纷，这起事件影响恶劣，当地政府“县官仓惶申闻上司，云倭贼入寇”（《明世宗实录》卷三五〇），所以浙闽海防军务朱纨紧急下令，“下令捕赃甚急，又令并海居民有素与番人通者，皆得自首及相告言”（《明世宗实录》卷三五〇），开始对国内外的海上走私活动大规模地疯狂镇压。次年（1548）四月，朱纨派遣重兵清剿双屿的走私团伙，“焚其舟舰，擒杀殆半”（顾炎武：《天下郡国利病书》卷八四）。后来从双屿逃出来的走私人员携带约1000艘船只投靠了王直，并把他奉为继任许栋的船主，这帮人聚集起来形成了新的海上武装走私集团，且经济实力强大，他们利用明朝统治者害怕倭寇的心理，打着“倭寇”的旗号公然反对政府，反对海禁，也就是从这里开始，他们从暗地走私发展为公开对抗。

王直，也有史料称汪直，安徽歙县人，嘉靖十九年（1540）的时候，他就冒着违禁的风险开始海上活动，“与叶宗满等之广东造巨舰，将带硝黄、丝绵等违禁物运抵日本、暹罗、西洋等国，往来互市五六年，致富不赀，夷人大信服之，称为五峰船主”（《筹海图编》卷九）。嘉靖二十三年（1544），王直去了双屿并且加入了许栋的武装集团，后来许栋战败，他开始“招聚亡命”，还把“余党招来九洲之夷，联舟海上”（明·郎瑛著:《七修续稿·国事类》）。嘉靖三十一年（1552），王直占据了浙江定海操江亭，人称“净海王”，并成为了财势最为雄厚的海上贸易武装集团的首领，还下令“闽、浙通番之徒，顶前剪发而椎髻向后”（林济:《潮商史略·商史卷》），让他们假扮倭寇，在漳泉沿海胡作非为，“攻城掠邑，劫库纵囚，遇文武官发愤砍杀”（明·严从简著:《殊域周咨录》卷三），不仅如此，甚至“大举入寇，连舰数百，蔽海而来，浙东西，江南北，滨海数千里，同时告警”（《明史·外国传》），王直集团如此猖狂，“纵横来往”“如入无人之境”“官军莫敢撄其锋”，令明朝政府不堪其扰，对“倭患”恨之入骨。然而，在嘉靖年间猖獗无比的“倭寇”中，真正的“倭寇”并不多，可以说“真倭无几”（《明世宗实录》卷三五〇）。各种史料也证实，真正的倭寇最多的时候也就十分之三，一般情况下只有十分之一，绝大多数的“倭寇”都是“袭倭服饰旗号”的明朝“海盗”，都是明朝的人假扮的，而这些明朝海盗大致可分为两类人：

一类是“濒海之盗”，这属于“倭寇”里面的骨干力量和领导阶级。他们一般是“漳泉江浙失业游民及山寇、海盗”，因为种种原因，“官司之所困，征役之所穷，富豪之所侵，债负之所折”，“怨入骨髓”（陈子龙：《皇明经世文编》卷三六八）。为了谋生活命，不得不违反禁令，被迫成为海盗，开始下海经商，进行走私贩运；或者给走私集团当耳目，做他们的后勤供应人员。这部分人中，也有少数的身份复杂的人，就像明朝人郑晓说的那些“凶徒、逸囚、罢吏、黠僧及衣冠失职、书生不得志、群不逞者”（《嘉靖东南平倭通录》），这些人有的学识不浅，而且勇敢彪悍，但是他们没有立身之本，“本无致身之阶，又乏资身之策”（陈子龙：《皇明经世文编》卷二一七），走上海盗这条路只是图一时痛快，“欲求快意，必致鸱张”，而且他们靠着谋略成为武装海盗集团的主要成员，也是同朝廷抗争的主力军，如被明政府称为“剧盗”的王直、毛海峰、徐海等，都是这种人。

另一类就是“衣冠之寇”，他们属于幕后人员，称为“窝主”，他们串通并利用“倭寇”进行海上走私贸易。他们来自沿海地区有一定财势力量的封建官僚地主家庭，明代的史料称他们是“豪贵家”“势家”“势要之家”“势豪之家”等。这些人中，很多人都曾官居高位，或是要官家属，有的甚至权力通天，最少也是地

胡宗宪像

方重要官员，他们彼此之间形成了庞大的利益网，荣辱共生。为了牟取暴利，他们用两面法操纵海上走私贸易，“始欺官府，而结海贼，后复欺海贼，而并其奇货价金，百不偿一”（陆粲，郑晓：《庚巳编 ：今言类编》），这些人是明政府封建统治者中的内部异端力量，令统治阶级头痛不已。朱纨就曾对此现象深有感慨地说 ：“去中国濒海之盗犹易，去中国衣冠之盗犹难。”

正如很多学者所说，嘉靖年间的“倭寇”活动，实质是一场明代社会内部要求发展海外贸易，采用上下结合，并由东南沿海地区的贫苦农民和城市平民充任主力的有组织、有武装的反海禁斗争。很显然，这种活动明政府是绝对不允许的，最初，朝廷派兵遣将，命令俞大猷、王忬、李天宠等调遣重兵暴力镇压，结果就造成“官军素懦怯，所至溃奔”（《明史·日本传》）

的局面，而“倭寇”还是我行我素，“纵横来往，若入无人之境”(《明史 · 日本传》)。“盗寇”越剿越多，蔓延区域越来越广，在这般困境下，明政府无奈只能采用两手策略,一边清剿一边安抚。嘉靖三十五年(1556),胡宗宪接受军务开始防“倭”，他下令徽州府逮捕王直的母亲和发妻,把他们囚禁在金华,后来又把他们放了,还好吃好喝招待着，把他们当诱饵想引出王直，另一方面，他还派人去见王直，以高官厚禄做诱惑，想把王直招安。王直“欲求保全家属，开市求官”（明·严从简著 :《殊域同咨录》卷三），轻信了政府，以为政府真的会信守承诺开禁通商，就想带着义子王激（毛海峰）归顺朝廷。但是胡宗宪后来想尽计谋，又是金钱又是美女的，用离间计成功剿灭了王直的主要将领陈东和徐海等人。这时的王直还在海外称雄，因为朝廷的清剿行动，他的手下开始慌了，很多人有了异心，就出现了反对招安的派别，但是王直却相信“贷罪开市”“觅利商海，卖货浙福”（王直著 :《自明疏》)，坚持回国投诚。最后在嘉靖三十六年（1557）十月，他去拜见胡宗宪时被捕，囚禁在按察司狱，嘉靖三十八年（1559）十二月，这么一位民间海上走私贸易武装集团的首领、大海商，在杭州被斩杀。

王直虽然死了，但是沿海地区民间海上走私贸易集团的反海禁斗争却没有停止，很多漳湖地区的国内

"倭寇"开始南下，到闽、广之后与陆地上的农民起义联合，反抗斗争的声势更为浩大。就像萧雪峰、林朝曦、张琏的"岭东三饶寇"，聚集起来的民众多达数十万，"分部置属，东接倭夷，引瓯越，徜徉于江、福之间""垦野积储，闭关通贾，南绝潮粮道，而垒石为城，煮海为盐，销铁以造兵器"，这又成了朝廷的另一个心腹大患。这次封建统治者故技重施，派饶平知县诱降，然而张琏佯称归顺，实际上却联合萧雪峰在闽、广、赣地区发动了全面的游击战，这让三省发生了大规模骚乱，震撼了朝野内外，明政府迫于压力派出 20 万将士来剿抚，最后张琏、林朝曦等潜逃海外还在那里定居了，"在三佛齐列肆，为番舶长，泉漳人多主之"（梁启超：《中国殖民八大伟人传》），成为了东南亚举足轻重的华人海运贸易集团的首要人物。另外，还有林凤、吴平、林道乾、曾一本等也都是这方面的代表人物。

吴平是福建漳州人，原来是地主家的奴仆，后来不堪忍受屈辱逃到海上，"造战舰数百，聚众万余，筑三城守之，行劫滨海诸郡县"（《明史》卷二一二），就连明朝著名的水师名将戚继光对他也颇为忌惮。俞大猷曾经对他们发动过清剿行动，最后以失败告终，俞大猷还因此遭到弹劾。嘉靖四十五年（1566），明朝参将汤克宽、都司傅应嘉等在越南万桥山澳夹击吴平，纵火焚舟，吴平战败逃跑，最后不知去向。

曾一本跟吴平是老乡，也是吴平的下属，曾经靠挖地主豪绅的祖坟为生。吴平消失以后，曾一平聚集了10万人，“以二百余艘，横行广海五六年”（陈子龙：《皇明经世文编》卷三五三）。隆庆元年（1167），广东镇守汤克宽想让他们接受招安，曾一本表面上是答应了，率领部下1200人入了军籍，享受军官的待遇，但是转身却依然武装走私，并且还命令盐船商舶给他们纳税。就这样和朝廷周旋了七个月，最后捕了一名官员叛逃了。第二年，曾一平又战败了，还“挟大艘六十”“投水熟”，烧了复出的广西总兵俞大猷的舟师船队，并且率领自己的船队直接去了潮州和广州，可谓是“浮江数百余艘，渔人从海外遥望见火号从空中起，烨烨如贯珠，长可数十里，倏忽而至”（蔡金河：《明朝中后期在潮汕滨海活动的闽商籍海寇商人及其影响》）。隆庆三年（1569），朝廷又派遣闽、广的军队合力清剿，曾一本的腿不幸在乱战中受伤，最后被俘，但是他宁死不降。

林道乾是潮州惠来人，也是吴平的下属，他早就看透了朝廷的伎俩假意安抚实则清剿的意图，所以就将计就计，“借招抚之名，阴与之（曾一本）为援”（雪珥：《大国海盗》，山西人民出版社2011年版），还大规模招兵买马，“城中良家之子，归者日以百数”（雪珥：《大国海盗》，山西人民出版社2011年版）“亡赖之徒，相继而往”“隐然虎踞一方”（雪珥：《大国海盗》，山西人民出版社 2011 年版），这让封建地主豪绅不堪其扰。两广提督殷正茂对林道乾表面上宽容友好，实际上早想除之而后快了，林道乾识破了他的诡计，及时转移人马，全部移居海外，最初在柬埔寨定下来，继续海上贸易，万历八年（1580），他又转到了暹罗海澳。那时候，刘尧海派香山澳人吴章、通事蔡兴全勾结葡萄牙海盗，还拉拢暹罗国国王，想要合力消灭林道乾，可是林道乾也识破了他的诡计，最后他杀了暹罗众多士兵，冲出重围，还抢了一条船，“扬帆直抵浡泥，攘其边地以居，号道乾港”（《明史》卷三二三）。

林凤是广东潮州饶平人，原来也是曾一本的下属，不过他的实力比较弱，隆庆六年（1572），他兵败退到广东惠州时，手下只有五六百人。明政府害怕“养虎为患”（《明神宗实录》卷四），就对他的队伍大力剿杀，林凤在兵力上不占优势，于是率领众人下海，在惠州、潮州打游击战，还占据了广东潮阳市南海中的钱澳当自己的地盘。万历二年（1574），朝廷派遣两广提督殷正茂、刘尧海合力对林凤剿杀，于是林凤就从澎湖退到了东番魍港（今台湾省基隆一带沿海），这年冬天，林凤一方面是为了躲避明军，一方面是为了帮助移居菲律宾的华侨，因为当时西班牙殖民者对华侨各种欺压、蹂躏，就率领水、陆两军各 2000 人，还有 1500 名妇女，乘坐60艘船只去了马尼拉湾。在那里，林凤得到了华侨和当地居民的莫大支持和热烈欢迎，他先后攻打西班牙殖民据点马尼拉城两次。但是，林凤的部队毕竟没有接受过正式训练，缺乏作战经验，在他们进攻途中路过西班牙驻马尼拉守军总指挥马丁·利·高第的私宅时，对私宅进行了不必要的攻击，结果贻误了时机，而且当时华侨中间出现了叛徒申赛，居然去告密，这就导致了林凤部队的失利，最后被迫退到了班加丝兰的渥诺河口（玳瑁港），在这里林凤还想继续作战，想要联合当地民众一起与西班牙殖民者对抗，可就在此时，福建巡抚刘尧海派把总王望高等人寻找林凤的踪迹，想要勾结西班牙殖民者擒杀林凤，林凤听到消息之后，率领40艘战舰开始突围，最后到达台湾。后来他又回到了潮州，经常在柘林、碣石、靖海一带活动，而且舰队也已经增加到了150多艘。多年后，林凤的手下有一位三澳主马志善和一位七澳主李成，他们因留恋故乡，不想逃亡海外，而部分首领还在潮阳接受了朝廷的招安，此时的林凤虽然年事已高，但是不改初衷，仍然坚持与封建统治者抗争，所以，他率领船队“复走西番”（《万历武功录·林凤传》），最后不知所终。

东南沿海地区的人民多年来一直坚持反海禁的斗争，最后，明朝统治者被迫变通，开始改变顽固的立

郑芝龙像

场，不再要求“寸板不许下海，寸货不许入番”（《明太宗实录》）。万历四年至五年（1576—1577）间，在庞尚鹏和刘尧海的调整经营下，这一代的海域得到了暂时的太平。就像明朝的人们说的那样：“寇与商同是人，市通则寇转为商，市禁则商转为寇”（明·谢杰:《虔台倭纂》）。

崇祯年间的海外贸易仍然有严格的限制，而且当时西方的殖民者东侵脚步加紧，妄图控制南洋的航海业。明朝的海商为了进行自由的海上贸易和国际竞争，有力抵制外国海盗的掠夺，就又开始组织自己的海上贸易武装力量，这就是明末的“海寇”。这部分贸易武装力量中，实力最雄厚的当属郑芝龙、郑成功父子。

郑芝龙是福建泉州安平镇石井人，从小就在南洋和日本之间来往。天启时期（1621—1627），他就开始“兴贩琉球、朝鲜、真腊、占城、三佛齐等国，兼掠犯东粤、潮惠、广肇、福游、汀闽、台绍等处”。那时候，“海盗有十寨，寨各有主”（《花村谈往》卷一）。郑芝龙先后投靠过大海商李旦、大“海寇”颜思齐，而且他们对郑芝龙多加青睐，给予了很多支持，所以这两位航海业的巨头去世之后，郑芝龙变成了雄霸一时的航运武装贸易集团的领头人。

崇祯元年（1628）九月，郑芝龙想要垄断海外贸易，但这必须借助官方的力量，所以在明朝福建巡抚熊文灿的倡议下，他便接受了招安，还“委为海防游击”，在这之后的两年里，郑芝龙先后吞灭了陈衷纪、杨六、杨七等集团，崇祯八年（1635），在经过 6 次的海战后，郑芝龙兼并了刘香集团，从此他开始建立属于自己的海上霸权。崇祯十三年（1640），政府为郑芝龙加官晋爵，封他为福建总兵，郑志龙成为了集海上贸易与海疆防卫大权于一身的显赫人物，形成了“海上从此太平往来各国，皆飞黄（郑芝龙别号）旗号，沧海大洋，如内地矣”（清·刘献廷：《广阳杂记》卷四）的局面。

随着郑芝龙集团的壮大，明代航运界在东亚和东南亚的实力也随之大增，成了荷兰东印度公司的强劲对手。明末，郑氏的船队贸易频繁，经常在福建、吕宋、日本及南洋地区来往，尤其是对日本的航运量，甚至超出荷兰船队的 7 ～ 11 倍，一跃成为日本长崎港的最大顾主。

郑芝龙不但“以洋利交通朝贵，寖以大显”（清·林时对著：《荷牐丛谈》卷四），而且还“增置庄仓五百余所”（清·南沙三余氏：《南明野史》下卷）“田园遍闽广”。他利用海外贸易利润为自己换来了一架云梯，最终爬上了官僚地主阶级，在封建主义的桎梏下，这是民间航运领头人的必然归宿，明朝灭亡之后，到了清朝，“其子弟皆劝芝龙入海”，想劝他到海外发展，但是他以“鱼不可脱于渊”“驽马恋栈”为由拒绝远走，“不听子弟谏，遂进降表”（计六奇：《明季南略》卷十一），最终在清顺治三年（1646）接受了朝廷的招安，至此，一个实力雄厚到可以和西方列强相抗衡的海上贸易武装集团解体了，不得不承认，这是中国航运史的一个悲剧。

明代著名外交和翻译家——傅安

傅安（？—1429）字志道，今河南开封人，原籍太康（今河南太康），明代外交家和翻译家。明初，先任南京后军都督府吏，后依次任职四夷馆通事、舍人、鸿胪寺序班，洪武二十七年（1394）被提升为礼科给事中。四夷馆是明代中央政府专门从事翻译边疆民族和邻国语言文字的机构，而鸿胪寺则负责礼仪外交，傅安在这两个职位上任职多年。洪武末年傅安奉命出使撒马尔罕报聘帖木儿汗，被拘留 13 年。帖木儿去世，其孙哈里嗣位,遣还。永乐五年(1407)回京。而后傅安又 5 次出使中亚、西域。宣德四年(1429)因病辞世。由于“二十四史”

中《明史》没有为其立传，又没有为其保留出使记录，查无史料，致使其英名湮灭在历史中。

1. 伟大的使命

傅安一生6次出使西域中亚，为明初中西陆路交通的畅达和明朝与中亚各国的友好关系，作出了不可磨灭的贡献。

明朝洪武初年（1368），太祖朱元璋励精图治，经略雄伟，希望与各国搞好关系，制定了睦邻友好政策，遣使四出。傅安第一次作为明朝使臣出使。

洪武三年（1370），在原来的察合台汗国之地兴起了一个强大的帖木儿帝国，是由帖木儿建立的。他自称是成吉思汗的继承人，察合台汗国的君主，力图恢复蒙古帝国统治。由于他娶了成吉思汗家族卡赞汗的女儿为后，明朝又称他为驸马帖木儿。他四处征战，建立了以撒马尔罕为首都的庞大帝国。明朝从洪武二十年（1387）开始与帖木儿帝国通使往来，帖木儿表示愿意与明朝交好，向明廷“纳贡称臣”。洪武二十七年（1394），帖木儿曾遣使贡马200匹，送来致明太祖朱元璋的书信。次年（1395），明太祖派遣傅安出使撒马尔罕。谁知两国关系此时却发生了突变。当时帖木儿连年向邻国征战，建立起欧亚最强大的帝国。

随着扩张的步伐，帖木儿也越来越妄自尊大。傅安等人一到就遭到了冷遇，帖木儿让西班牙使节列坐于明朝使臣之前。傅安肩负使命，不顾个人安危，反复开导，宣扬国威，陈述明朝“富强振古莫比”。在异国他乡，他不畏威逼利诱，始终拒绝投降，保持了个人气节，维护了国家尊严。帖木儿还派人引导傅安等人在他广阔的国土上到处周游，以图夸耀，说服傅安。傅安却丝毫不为所动。于是，帖木儿无理地扣押了傅安等人，后来又对其威胁利诱，欲迫其投降，傅安不为所动，备受磨难。洪武三十年（1397），明太祖曾派遣陈德文出使打听傅安等人信息，可是他不幸也被扣留。次年（1398），明太祖逝世。建文帝即位不久，燕王朱棣发动了“靖难之役”，明朝处于多事之秋。

朱棣即位后，改元永乐。永乐二年（1404）冬，帖木儿不仅不再臣服于明朝，而且以为可以用武力征服中国。经过一番准备之后，他率领数十万大军攻明。永乐三年（1405），得到帖木儿率军经由别失八里（今新疆吉木萨尔）东进的消息，永乐皇帝马上命甘肃总兵、左都督宋晟预先准备。结果帖木儿在率军渡过锡尔河后突然病死在途中，他的扩张计划落了空。帖木儿死后，他的帝国四分五裂。

直到永乐五年（1407），在异国被扣 13 年，“艰苦备尝，志节益励”（明・焦竑：《国朝献徵录》卷八十）

的傅安才回到中国。出使之时他正值壮龄，回来的时候已经须眉尽白。一起出行的 1500 名官军，当时生还的只有 17 人。六月二十二日，明成祖接见了他们。傅安出使不辱使命，终于在明初开通了中国通往西方的交通道路，可以与汉朝张骞“凿空”西域相媲美。他们热爱祖国的精神是相同的，出使事迹也同样曲折，然而傅安的事迹却鲜为人知。

2. 出使的意义

第一次出使历尽磨难回国的傅安，并没有就此在国内安享天年。永乐六年（1408）傅安等人作为两国关系恢复后明朝派出的第一批使者，又一次前往撒马尔罕和哈烈（又称黑鲁、黑娄，西域大国，在撒马尔汗西南 1500 千米）。哈烈是帖木儿之子沙哈鲁的管辖地，在帖木儿死后，成为帝国的首都；而撒马尔罕是沙哈鲁之子兀鲁伯的管辖地，他们均与明朝建立起了友好关系。傅安等风餐露宿，艰难跋涉，在当年抵达哈烈。沙哈鲁立即派遣使臣随同傅安等人入朝，表示了与明朝友好的意愿。傅安的第三次出使，是送使臣回国。通过使臣，传递了朱棣与沙哈鲁之间所表示的诚挚愿望，使两国友好关系达到了一个高峰。据统计，在永乐年间（1403—1424），大约有 210 个使团来自撒马尔罕和哈烈，另外还有数十个使团来自中亚的其他城镇。

傅安的后三次出使，到的是别失八里（今新疆吉木萨尔县），那是察合台后裔于1370年建立的西域大国，因建都于别失八里而得名。

兀鲁伯像

明初，正当新王朝着手建立与西域中亚各国友好关系的时候，傅安一生6次奉使西域中亚，他对明朝与西域中亚诸国和睦友好关系的建立，以及中外交通陆路的全部开通，起了重要的作用。明朝与西域中亚各国建立和平友好关系，不仅有利于西域中亚局势稳定、明朝西北部边境安宁，而且也符合东西方经济、文化交流的需要。当时重新开通的丝绸古道上，使者相望于途，商旅往来不绝。官方保持外交和贸易的频繁联系，也为民间贸易的兴旺创造了有利条件。

风尘仆仆奔走在丝绸古道上的使臣傅安，终生不过官至礼科给事中，更无显赫的封爵，今天也没有留下他的宝贵出使记录（所著《使远》，现已失传），这使他的事迹在岁月中几乎被湮没。但是，他对明初外交的贡献，却永留史册。

延伸阅读

海上丝路澳日航线亲历者：范礼安

在明代，许多怀着一腔宗教热情的西方传教士前仆后继地进入中国，但他们的传教似乎并不受欢迎，或被关押，或被驱逐，或中途被迫退出；即使有人进入中国，也未获得居留权而匆匆离开。

然而，传教士试图进入中国的热情并未减退，而且得到欧洲各阶层的全力支援。在欧洲，这种热情受到一个意外消息的鼓舞而变得更加高涨。在沙勿略（方济各·沙勿略是1540年葡萄牙派到亚洲来的天主教传教士）谢世前一年，即1551年，杰出的西班牙贵族甘地亚公爵弗郎西斯·波吉亚（1510—1572），放弃他所有的财产和头衔，成为一名耶稣会士。他从前的地位及其与众不同的个性，使他说每一句话和做每一件事都特别有权威。1559 年，他访问葡萄牙，公开表示在中国展开传教工作很有希望，引起很大反响，各区教士纷纷向上司递交请愿书，请求参加这项工作。

1565 年，波吉亚被选为耶稣会总长，大力推进东方传教工作。他所作的最有影响的事情，就是接纳范礼安进入耶稣会，成为东方第二大耶稣会传教士（参见西比斯著 :《利玛窦的前辈》,《澳门圣保禄学院 400 周年论文特辑》，澳门文化司署 1994 年版）

范礼安是教皇保罗四世的一个亲密朋友的儿子，毕业于帕多瓦大学。1557 年获该大学法学博士学位，后获罗马学院哲学博士学位，学问渊博，具有文艺复兴时期的开放思想。不久他被委任为神父。5 年后他出任罗马克里那尔的圣安多尼区见习修士总管助理。1571 年，见习总管不在职，使他有机会去接受另一位有前途的法律学生成为见习修士。那个

利玛窦像

见习修士就是利玛窦，时年 20 岁。他们的相识很有意义，因为他们今后的生命将连在一起，并对中国的传教产生决定性影响。（参见西比斯：《利玛窦的前辈》，《澳门圣保禄学院 400 周年论文特辑》，澳门文化司署 1994 年版）在中国近代史上，利玛窦堪称天主教在中国的奠基人，也是中西文化交流的高层开拓者。但是倘若没有范礼安的话，利玛窦也许不会前往中国，不会进入北京并取得巨大成就。（参见马拉特斯塔：《范礼安——耶稣会赴华工作的决策人》，《澳门圣保禄学院 400 周年论文特辑》，澳门文化司署 1994 年版）

1573 年，范礼安被神父主管默丘里安任命为东印度巡察使。1574 年 3 月 21 日，范礼安与 40 名耶稣会士乘船离开里斯本，1574 年 9 月 6 日到达果阿。1575 年至 1577 年在印度视察。他在印度一接触到中国人，便对中国产生了一种独特的见解：中国是一个伟大和有价值的民族，未能使他们认识和接受基督教的原因是他们已经接受了一套思想方法。范礼安在给耶稣会总长波吉亚的信中写道："进入中国的方法，要与目前耶稣会在其他有宣道团的国家所采用的方法完全不同。我相信，中国人尊重学问，而且他们愿意以明智的方式聆听任何在他们面前提出的东西。这一点可以用来打开他们的心扉，使其接受基督教，但他们同样明白，他们会排斥每一样声称来自比他们优越的文明社会的

东西。”（西比斯：《利玛窦的前辈》，《澳门圣保禄学院400周年论文特辑》，澳门文化司署1994年版）

1577年9月20日，范礼安离开果阿去马六甲。1578年9月6日从马六甲抵达澳门，在这里进行为时10个月的视察，研究如何打开在东方传教的局面。

1553年至1557年葡萄牙人入居澳门，但至1573年才筑城与中国大陆隔断。当时在澳门的欧洲人谈及赴华传教，都认为是“无望的任务”。但是范礼安初到澳门，便深知中国是个秩序井然的高贵而伟大的王国，相信这样一个聪明而勤劳的民族绝不会将懂得其言语和文化的、有教养的耶稣会士拒之于门外。（参见马拉特斯塔：《范礼安——耶稣会赴华工作的决策人》，《澳门圣保禄学院400周年论文特辑》，澳门文化司署1994年版）

范礼安1579年7月7日离开中国澳门去日本，视察日本传教情况，并作出大刀阔斧的改革，使日本传教事业得以发展。1582年3月9日，范礼安陪同天正遣欧使节团到欧洲，途经澳门，这是他第二次到澳门。这一次他把精力都放在到中国传教的事情上，他创立了耶稣兄弟会，并为之制定章程和指示。兄弟会吸收中国和其他亚洲国家的会员，但不接受葡萄牙人，会长由愿为在中国传教事业献身的人担任。范礼安指定利玛窦为该会第一任会长。同年12月31日，范礼安带领天正使节团离开中国澳门至印度，自己留在果阿，日本使节前往欧洲访问。

1587 年 4 月，范礼安再次被任命为印度大教区巡察使；5 月 29 日日本使节从欧洲回到果阿，由范礼安带领回日本。1588 年 7 月 28 日范礼安从果阿抵达中国澳门，这是他第三次到澳门，直到 1590 年 6 月 29 日作为葡印度总督的使节离开中国澳门到日本。在这一年的时间内，他在澳门努力学习中文。1591 年 3 月 3 日到日本谒见丰臣秀吉。

1592 年 10 月 24 日，范礼安从日本到达中国澳门，这是他第四次到澳门。在这里，他批准了利玛窦的工作方法，并建议其前往北京。1594 年 11 月 15 日范礼安离开澳门到果阿。

1595 年 3 月 4 日，范礼安到果阿，被免去印度大教区巡察使的职务，保留中日教区巡察员的职务。

1597 年 4 月 23 日，范礼安最后一次离开果阿，经柯钦、马六甲，于 7 月 20 日第五次到达澳门。他任命利玛窦为中国传教团主管，热情推荐利玛窦去北京，还审定利玛窦所定中文《教义问答》的拉丁文本。

1598 年 7 月 14 日，范礼安离开澳门，8 月 5 日到日本，这是他第三次也是最后一次到达日本。

1603 年 1 月 15 日，范礼安离开日本，2 月 10 日第六次也是最后一次到达澳门。他使中国传教团从澳门教会独立出来，并决定建立中日大教区。他认为利玛窦的成就已超过自己的一切期望，十分满意。1606年1月20日，范礼安因患尿毒症在澳门逝世，享年67岁。后来利玛窦写信给耶稣会总长说："中国传教事业之父，他的逝去使我们有孤儿之感，不知道大人将指派何人来领导我们的传教团。"

明代的赴欧留学生郑玛诺

郑玛诺，号惟信，广东省香山县（今中山市）人，1633年5月25日出生于澳门。郑玛诺的父亲是一位虔诚的天主教徒，教名"安多尼"，他与法国籍耶稣会士亚历山大·陆德神父交往密切，故郑玛诺由陆德神父付洗，皈依天主教。

在郑玛诺出生前76年，葡萄牙商人逃离经营20多年的浙江双屿港，开始留居澳门。从此，澳门逐渐从一个小渔村变成一座对外贸易与文化交流的著名港口。1576年1月23日，罗马教皇颁布了成立澳门教区的谕旨，以推动远东传教事务。期间，他们在澳门不但兴建了许多教堂，而且还开办了神学院。居住澳门经商的中国人与西方洋人相处日久，便习染上西方的生活方式，亦渐渐皈依天主教。郑玛诺年岁日长后，进澳门神学院修读，因其天资聪颖，成绩优异，深受洋教士们的青睐。

陆德神父于明朝天启三年（1623）进入澳门，他的传教区被上司安排在安南（今越南北部），故有“安南使徒”之称，其地位与贡献就像利玛窦在中国布道一样，具有开拓创新的精神。17 世纪上半叶的安南政局相当不稳定，陆德神父在那里的黄金时期也不过一年半左右，之后安南便进入动荡时期，教会经常处在风暴之中，他曾四度被迫离境。他在安南传教 20 年（1625—1645），殚精竭虑，为建立地方教会和保证地方教会的延续而费尽心机。他竭力主张栽培当地人士为司铎（神父），又向罗马教廷建议设立“宗座代牧”制度，等等。1645 年，陆德神父再度被驱逐出安南后回到澳门，被上司委任代表远东教会赴欧洲办理传教事宜。这时，澳门教区正拟设中国神职人员，陆德神父立即提议率领中国及安南北圻、南圻少年各 1 名赴罗马深造，结果教会会长认为经费困难，只同意中国去 1 人。郑玛诺被教会选中，又得到其父亲的同意，便随陆德神父赴罗马深造。

他们于 1645 年 12 月 20 日从澳门乘船出发前往罗马。郑玛诺时年 13 岁。次年（1646）1 月 14 日驰抵马六甲，他们离开马六甲出海不远，遭荷兰人掳走，被送往爪哇（今印度尼西亚）巴达维亚拘禁，3 个月后才获释放。他们重返马六甲，经印度洋至卧亚（今印度西南部果阿），改走陆路，从波斯（今伊朗南部地区）至阿美尼亚。他们在这里逗留较长时间，陆德神父考察教务，郑玛诺进一所修道院学习当地语言。他极富语言天分，很快学会当地阿美尼亚语言，只花 6 个月的时间，竟达到与当地人谈吐流畅的程度。后来经过土耳其时，因郑玛诺相貌酷似蒙古人（高大、魁梧），他又一次遭到拘禁，幸其阿美尼亚语甚为流利，才获释放。他们在前往欧洲的途中，艰苦跋涉，历尽艰险，屡遭拘禁，花费了长达 5 年的时间才抵达罗马。

陆德神父到罗马后向各方奔走，不但大肆宣传远东教务进展之神速，而且极力鼓吹培养本地圣职人员之必要，又提出必须不断增设教区等。郑玛诺随即被安排学习拉丁文与希腊文，他以 1 年又 10 个月的时间，完成了欧洲中学生 4 年内的全部课程，成为欧洲社会公认的"文学生"，然后请求入"试修院"，1651 年 10 月 17 日，被批准入读耶稣会主办的圣安德勒初学院，当时在入学登记册上，他写明年龄 18 岁（足龄），随身所带行旅物品有帽 1 顶、长袍 1 件、短大衣 1 件、红布长裤 1 条、粗毛袜 1 双、手巾 1 条、皮鞋 1 双，大都已经陈旧，然后签上葡萄牙式西方名字。其清贫程度与刻苦精神从中可想而知。郑玛诺 1653 年秋加入耶稣会，并转入罗马公学深造，学习修辞学 1 年（1653—1654，一般修辞学肄业要 2—3 年，郑玛诺只用 1 年，可见其智商很高，成绩出众，为世人所罕见），以及逻辑学、物理化学、音乐和外语等多门课程，费时 4 年。毕业后，又留住 3 年，教授拉丁、希腊文法和拉丁、希腊文学两门课程（带有实习性质）。对此，有位中国籍袁国慰神父，考证郑玛诺事迹后感叹万分："一个中国人在欧洲文艺复兴的中心——罗马，在著名的学院教授拉丁、希腊文法和文学，在历史上尚无先例。"确实，此举给中国人赢得了声誉。也可说明郑玛诺经过西方文化熏陶后，已成为一个具有西方文化素养的中国优秀青年。郑玛诺在罗马公学从事教学工作 3 年后，于 1660 年 10 月离开罗马到威尼斯省留学一年，1662 年 9 月间赴葡萄牙，在其首都里斯本候船东返。在长达 4 年的等待时间里，他又进入哥因勃拉大学攻读神哲学。在该校 1665 年耶稣会士名册中，对郑玛诺最后一年的记录是这样的："郑玛诺神父，家在澳门，原籍中国，30 岁，在会 14 年，现读神学。指定派往中国传教。"说明郑玛诺在哥因勃拉大学已晋铎（天主教把从修士、修生、机事晋升到神父的过程叫作晋铎），原文拉丁文以大写"P"表示司铎（天主教神父的正式品位职称）。郑玛诺在北京的墓碑称其读哲学、神学，成绩优异，对照 1665 年葡萄牙省耶稣会士第二名册，对其有"天资颖悟""有进步"两赞语，说明墓碑记载属实。

1666 年，郑玛诺在马理尼神父率领下，与其他

里斯本

14 位传教士，自里斯本扬帆东渡。行前，葡萄牙国王亲自召见他们。同行的 14 人中，有比利时籍 1 人、意大利籍 7 人、葡萄牙籍 4 人、中国籍 2 人。另一中国人，1642 年生，入耶稣会初学尚不满 1 年，东返后脱离耶稣会。曾晋铎，在澳门、安南、交趾（越南北部）传教 10 年。郑玛诺等所乘船队有舰 4 艘、400 人。当时赤道天气炎热，风向不利，船难前进，所备药物用尽，以致病故者多达 70 余人，连船队中的 2 名医生也不治身亡，意大利籍 2 名传教士同时牺牲于海途之上。当年 10 月 13 日，船队抵达卧亚（今印度果阿），受到盛大欢迎。但耶稣会当局不准郑玛诺回国，将其留在当地传教，后被派往孟买以南 25 英里一个港口任财务主任，兼主日讲道。据当时耶稣会日本会省年鉴记载，省长曾命令郑玛诺神父留在卧亚。后来郑玛诺上书耶稣会总会长欧利华，对此举深表不满："不知理由何在，我不得不学习卧亚方语，以便在此会省为教友服务。"郑玛诺对于自己不能回祖国传教，颇为不解和深表不满。这可能因当时中国杨光先发动教难后，清政府驱逐传教士，才使耶稣会有此决定。中国天主教教难时期，只有南怀仁、利类思、安文思 3 位神父尚能留在北京钦天监工作。多明我会特派中国籍神父罗文藻赴全国各地慰问教友。故中国与日本的耶稣会监督伽玛亦主张总会派人前来协助工作，于是郑玛诺受命立即回国。1668 年 5 月 14 日，郑玛诺与其他外籍传教士 6 人自卧亚起程，7 月抵马六甲，停泊 9 日，登陆为当地教友领受圣事。同年 8 月 19 日（农历七月二十三日）安全抵达澳门。

郑玛诺抵澳门 4 个月后，又上书耶稣会总会长欧利华："余目前正准备潜入中国。"当时澳门三巴寺耶稣会学院设有中文、安南语 2 门课程，郑玛诺修读中文。当时大批传教士被集中拘禁广州，他们趁机讨论中国传教问题，但意见颇多分歧，最后归纳成 22 条，推殷铎泽神父向罗马教廷请愿，于是殷神父遂由他人代替入狱，自己潜入澳门候船，这样，他有机会与郑玛诺商讨最多。郑玛诺对本国教务非常关切，又上书总会长尽快采取"适当挽救办法"。言词非常激昂，他写道："目前如欲使当地教友能继续获领圣事，除派遣本国神父以外，别无他途可循。他们极易化装潜往各处，而欧洲人则绝不可能。本会省会长即对此事已有了解，但无人可遣，因过去不愿录用中国司铎。在此紧急关头，非本国司铎，不足于挽救危局。据余判断，此事如不迅即付诸实施，已往传教事业将尽成泡影。"郑玛诺继陆德神父之后，第一个明确提出教会本地化的问题。都属日本会省管辖，郑玛诺只能以广东为中心，四出探访教友，无法随罗文藻神父展开全国教务活动。他在广东地区布道 2 年，自康熙八年至十年（1669—1671），其活动范围，足迹所及与时间长短，罗文藻神父也远非所及（徐明德：《中国古代名人与经济文化研究》，浙江大学出版社 2012 年版）。

杨光先反对西洋历法失败，流放回籍，死于途中，南怀仁所持历法实测获胜，复职钦天监，清朝廷重新起用传教士。康熙十年（1671）康熙上谕传抵广州，九月八日，教士们分乘 5 艘大船北上。船上张灯结彩，悬挂"奉旨回堂"大旗。意大利籍教士闵明我和德意志籍教士恩理格是奉命进京供职，于是他们在船上又树起"举取进京"大纛（古代军队里的大旗）。郑玛诺此时身体非常虚弱，身患严重肺病，当局考虑北京气候较佳、教友较多，决定让他乘坐闵、恩二神父的大船，一同北上。北航途中，郑玛诺病情日益加重，闵神父也患病卧床不起，加上运河结冰，被迫弃舟陆行。路途上，为不耽误行程，二神父留下一些银两，嘱郑玛诺就地休养。他们两人兼程北上，于次年（1672）二月抵京。郑玛诺晚几个月也到达北京，此时病情已非常严重，在与病魔斗争一年之后，于康熙十二年（1673）四月十一日去世，享年不到40岁。其卒后4个月，北京会院院长安文思上耶稣会总会会长书，报告郑神父之死，他写道："对郑玛诺神父之去世，殊深悼惜。彼确为中国的光辉与荣耀，抵京时，已病入膏肓，肺已全部腐烂。请速栽培中国司铎（吾人亦在此方面努力），使郑神父后继有人，郑神父在天亦必为此求主。"郑玛诺的墓地被安排在北京阜成门外滕公栅栏。墓碑正中书："耶稣会士郑公之墓"，右为汉文，分3行题："郑先生讳玛诺，号惟信，广东香山人也。自幼入会真修。康熙十二年癸丑四月十一日卒于京师，寿三十又八。"左为拉丁文，译文如下："郑玛诺神父，中国人，祖籍澳门，幼年赴罗马，在该地入耶稣

滕公栅栏

会，为耶稣会华籍会士首先荣登铎品者，以优异成绩修毕神哲学后，返国传教，卒于北京。时为西元 1673 年 5 月 26 日，享年三十又八。”（徐明德：《中国古代名人与经济文化研究》，浙江大学出版社 2012 年版）

郑玛诺是 17 世纪中国第一个赴欧洲的留学生。他出身贫寒，从小天资聪颖，学习刻苦，成绩优异，成为第一个中国籍天主教耶稣会士司铎，是华人继多明我会士罗文藻主教之后，在罗马获得荣晋天主教铎位的荣耀（相当于中国进士及第的荣耀），为我们中国留学生树立了优秀的榜样。

沟通中西文化的先行者——徐光启

徐光启（1562—1633），字子先，号玄扈，天主教圣名保禄，明代南直隶松江府上海县法华汇（今上海市徐家汇）人。明代著名科学家、政治家。官至崇祯朝礼部尚书兼文渊阁大学士、内阁次辅（相当于第一副首相）。徐光启毕生致力于数学、天文、历法、水利等方面的研究，勤奋著述，尤精晓农学，译有《几何原本》《泰西水法》《农政全书》，还有《崇祯历书》《考工记解》研究等著述。同时他还是一位沟通中西文化的先行者，为17世纪中西文化交流作出了重要贡献。崇祯六年（1633），徐光启病逝，崇祯帝赠太子太保、少保，谥号文定。

1. 从神童到才子

明嘉靖四十一年（1562），徐光启出生在一个上海县法华汇的小商人家庭。徐光启从小对农业生产很感兴趣。

徐光启从小不仅头脑聪明，而且学习刻苦，在诗词歌赋、书法、音律等方面都很出色，被誉为“神童”。万历九年（1581），徐光启中秀才，并以天下为己任。他为文快意酣畅，做文章更有自己独到的理解，此时的他已经由神童成长为才子。

徐光启像

20 岁考中秀才以后，因为家境不好，徐光启开始在家乡和两广地区教书。这期间，他参加了几次科举考试，但均未考中，再加上天灾，生活过得辛苦，一边教书，一边做农学研究。农学和天文历法、数学等都息息相关，因此徐光启又自学了数学和天文、水利等学科。

约万历二十一年（1593），在韶州教书的徐光启见到了传教士郭居静（L.Cattaneo），开始和传教士交往。郭居静是徐光启见到的第一个传教士，他对启发徐光启未来的研究起了很大的作用。在郭居静那儿，徐光启被好好地上了一课，他第一次看到了一幅世界地图，树立了较为广阔的世界观，了解到地球是圆的，知道了麦哲伦环球航行绕地球一周，还听说伽利略制造了天文望远镜，可以清楚地观测天体的运行。这些，都改变了他以前的观念，增加了他自然科学的知识，为其后来的研究做了正确指引。

明朝末年，社会动乱不堪，国家屡次遭后金侵扰，因此百姓也处于水深火热之中。徐光启有一颗热忱的爱国心，他希望通过科学技术使国家强大，并且摆脱此混乱的处境，让天下太平，让百姓能过上好日子。

万历二十五年（1597），徐光启再次参加科举考试，原以为会再次落榜，这次很幸运，他被主考官焦竑改为第一名，有希望踏进仕途。徐光启和焦竑有共同的主张，主张在文章学问上应有益于道德、行为，有益于天下，他们这种相同的经世致用的思想，可能就是徐光启幸运地被焦竑选为第一名的原因。可惜，徐光启的“伯乐”焦竑不久就被罢官，接下来徐光启参加会试就没那么幸运了，再次落榜，于是只好回乡教书。

那时候，传教士利玛窦是耶稣会会长，徐光启曾听郭居静提及此人，了解到利玛窦精通西洋科学，徐光启很想见见利玛窦，好向他请教。徐光启到处打听利玛窦的下落，一直无果，后来到了万历二十八年（1600），徐光启听说利玛窦正在南京传教，激动地跑到南京去找他。

这位来自意大利的传教士利玛窦从小勤奋好学，擅长很多科学领域，像数学、物理学、医学等，尤其精通天文历法。此外，利玛窦善于制作钟表、日晷等，擅长于雕刻和绘制地图。可以说，利玛窦是个全才科学家。利玛窦 30 岁从神学院毕业后，就做了传教士，被耶稣会派到中国来传教。为了传教更顺利，更好地和中国人交流，了解更多的中国文化中国风物，利玛窦入乡随俗，不但努力学习中国语言和文化，还干脆“变成中国人”，他穿上中国的服装，遵循中国风俗、礼节去开展活动，还给自己取了中文名字“利玛窦”。他是一个尽职的传教士，也很受大家尊敬。

徐光启终于见到了这个精通西洋科学的传教士利玛窦，他向利玛窦表达了崇拜之情，还表示想向利玛窦学习西洋科学。徐光启的读书人身份让利玛窦愿意同他交谈，况且利玛窦想通过徐光启学习一些中国典籍和中国文化。他们相谈甚欢，谈了天文地理、中西数学。不过，利玛窦对徐光启请求向他学习西洋科学没有明确的答复。徐光启离开的时候，利玛窦送给他两本宣传天主教的小册子，看来是有意让徐光启入教。3 年后，徐光启终于决定入天主教，他携全家一起加入了天主教。徐光启在教会里表现出色，成为教会的得力干将。和利玛窦的见面对徐光启有两个影响，其一是丰富了他的西方自然科学的知识，其二是成为天主教徒。

2. 融汇西方文化的科学探索者

徐光启的仕途算起来挺坎坷的，他从万历九年（1581）考上秀才，到万历三十二年（1604）考中进士共花了长达 23 年的光阴，他考中进士时，都已经 42 岁了。

徐光启在入仕前，一直过了二十多年苦读的日子。但他并不只是闭门读书，而是将读书与行路结合，在长期读书和行走的过程中，徐光启越发体会到当时程朱理学的迂腐。这改变了徐光启的人生关注点，他决定放弃对声律、书法这些艺术类学科的学习，转而学习水利、天文、兵法、农业等实用性强的自然科学。实际上，徐光启思想的转变等同于他人生的转变，用实用之学去实现理想，成了他今后的人生道路。徐光启的思想和实践推动了明朝的实学思潮。

徐光启考中进士后，担任翰林院庶吉士的官职，在北京住了下来。这期间，撰写了《拟上安边御敌疏》《拟缓举三殿及朝门工程疏》《处置宗禄边饷议》《漕河议》等文章，表现了徐光启忧国忧民的思虑和渊博的治国安邦的谋略。

徐光启第一次拜访利玛窦后，第二年利玛窦便去了北京。作为国外来的传教士，他向明神宗贡献了礼品，得明神宗批准后便长期留居中国传教。利玛窦在宣武门外置了一处住所，徐光启在闲暇时常常去拜访利玛窦，拜访的次数多了，两人就熟了，从此两人结下深厚而长久的友谊。

第一次见面，利玛窦并未答应传授西方自然科学知识给他。两人熟识后，利玛窦便倾囊相授。数学是各个自然学科的基础，利玛窦决定先教徐光启数学，用的教材是古希腊数学家欧几里得的著作《原本》。

欧几里得像

徐光启学了一段时间后，就基本清楚了《原

本》的内容，欧几里得的这部著作里的基本理论和逻辑推理都很具有科学性和严谨性，使徐光启大开视野、深受启发。他结合学习中国古代数学,将两者进行对比，发现了彼此的不同，尤其认识到中国数学的许多不足之处。为了推广西方数学，徐光启让利玛窦和他一起合作，把它翻译成中文。

翻译工作从万历三十四年（1606）的冬天开始。他们这样分工合作：利玛窦译为中文并口述出来，徐光启负责记录，每翻译完一段，先由徐光启仔细推敲，作初步修改，再由利玛窦对修改稿和拉丁文原作进行比对确认。倘若遇到觉得译得不当之处，利玛窦重复第一个步骤，把原著再讲得详细些，务必使徐光启得到更深的领悟，把翻译稿修改得更好、更恰当、更准确。

经过几个月的努力，第二年春天，二人已经完成了这部数学著作前 6 卷的翻译工作。徐光启又独自把这前 6 卷修改润色了 3 遍。最后两人商量，把书名定为《几何原本》。当年,《几何原本》出版，引起了巨大反响，成为明末数学工作者的必读之书，极大地推动了中国近代数学的进步。但欧几里得《原本》并没有翻译完成，此后，二人没有完成接下来 9 卷的翻译，《几何原本》成了一本只有前 6 卷的翻译残本。

万历三十五年（1607），3 年翰林馆期满告散，徐光启被授翰林院检讨，不久他的父亲在北京去世，他回乡丁忧守制。

第二年他邀请郭居静到上海传教，这也成为天主教传入上海的开始。

在家乡守丧的日子，徐光启整理了《测量法义》的书稿，并将其与《周髀算经》《九章算术》相比照，整理编写出《测量异同》。他还研究写出《勾股义》一书，探讨了商高定理。另外，他致力于农事和农学研究，开辟双园和农庄别墅，进行农作物引种、耕作试验，写下了《甘薯疏》《吉贝疏》《芜菁疏》《种棉花法》和《代园种竹图说》等许多农学著作。

万历三十八年（1610），徐光启守丧期满，回京复职。翰林院检讨是个较为闲散的职位，所以徐光启便利用诸多空余时间研究和学习自然科学、翻译及写作。

这段时间里，《几何原本》经过徐光启的再次校订，出了第二版。同时徐光启还为利玛窦翻译的数学著作写了序言。徐光启的这些序言里体现了他对西方自然科学的看法。

这段时间里，徐光启发现，因为钦天监推算日食不准，他又与利玛窦一起合作研究天文仪器，编写了《简平仪说》《平浑图说》《日晷图说》和《夜晷图说》等天文学方面的著作。万历四十年（1612），他向耶稣会教士熊三拔学习西方水利，合译了《泰西水法》6卷。

之前在利玛窦指引下，徐光启携全家入教。他对教会工作也出了不少力，不仅协助传教士的传教工作，并帮他们刊印书籍，庇护他们的传教活动。但这些行为在封建朝廷里的官员看来是不正常也不合时宜的，因此他受到同僚们的误解和排挤。徐光启告病辞了官，到天津置地开园，种植花草药材，又在房山、涞水两县开渠种稻，进行各种农作物实验。万历四十一年至四十六年（1613—1618）这 5 年里，徐光启主要做农事研究。期间徐光启写出了关于施肥方法的《粪壅规则》，先后撰写了《宜垦令》《农书草稿》(《北耕录》) 等。这为他后来的巨著《农政全书》的编写打下了坚实的基础。

万历四十六年（1618），后金努尔哈赤发兵进犯关内，徐光启被朝廷再次起用。此时徐光启正在生病，但为了国家安危，他不顾自己的身体，星夜入京赴命。万历四十七年（1619）萨尔浒之战明军作战失利溃败，他多次上疏请求练兵，旋即被擢升少詹事兼河南道御史，在接下来的 3 年多时间里，主要负责选兵、练兵事宜。经焦竑推荐，徐光启的才干受到登莱巡抚袁可立的赏识，尤其在兵器方面的才干。可惜几年后因受阉党排挤，两人先后离职。

在督练新军的日子里，他极为重视选兵、练兵。任职期间，他写了很多关于军事事务的文稿，后被编入《徐氏庖言》中。练兵不顺，其主要原因是财政支持不到位。尽心尽责的徐光启太过操劳而病倒了。天启元年（1621）三月，徐光启回天津“养病”。3个月后，朝廷在辽东打了败仗，辽阳失陷，徐光启又被朝廷召回。他力请用红夷大炮守城，兵部没有采纳其意见，对于他提出的各种关于兵器和练兵的意见和计划也置若罔闻，无奈之下徐光启再次辞官回了天津。

天启三年（1624），徐光启被授予礼部右侍郎兼侍读学士等职。此时期魏忠贤阉党擅权，这其实不过是为笼络人心拉拢徐光启，被徐光启拒绝了。由此，阉党对他不满，向上弹劾徐光启，于是徐光启就被“放假了”，去了上海。在上海居住期间，他开始写《农政全书》。他将自己积累多年的农业资料“系统地进行增广、审订、批点、编排”，编撰而成后来的《农政全书》。他同毕方济一起合译了《灵言蠡勺》；他还把自己关于军事方面的文章辑录战书，刻印成《徐氏庖言》问世。

魏忠贤像

崇祯元年（1628），崇祯帝即位，阉党覆灭，徐光启官复原职，又做日讲官，曾任崇祯皇帝的老师。约两年后，徐光启升任礼部尚书。

回京后，徐光启仍继续学习和研究自然科学，将主要精力放在修改历法上，而对练兵、垦荒、盐政等方面也都有自己的主张和作为。徐光启一直留心天文历法，对其钻研也从未停止。因钦天监推算日食失准，崇祯皇帝同意由徐光启主持开局修历。除了编译研究一些西方的天文历法书籍，徐光启还投入到观测仪器的制造中去，他用这些仪器精心观测天文。后徐光启编成了共含46种，137卷的鸿篇巨制《崇祯历书》。

崇祯在位期间，徐光启的仕途顺畅，一路荣升。到崇祯六年（1633）八月时，徐光启已是位极人臣的太子太保、文渊阁大学士兼礼部尚书。

崇祯六年（1633）十一月七日，徐光启病逝于任上，享年71岁，谥文定，被称为文定公，归葬上海。

3. 主要著作与科技成就

徐光启在中西文化交流上做出了巨大的贡献，他是这一领域划时代的人物。他是第一个把欧洲先进的科学知识，特别是天文学和数学方面的知识介绍到中国的人，被称为是开启中国近代科学的先驱者，也是中西方科技交流在古代中国的最杰出代表。他的主要贡献和科技成就都集中在《徐光启全集》的整套著作中。2010年12月，迄今最完整的《徐光启全集》（全10册，以下简称《全集》）出版面世。这套书由上海古籍出版社出版，复旦大学学者朱维铮、李天纲主编。《全集》的亮点不但在“全”，还在于“新”。它不但在《徐光启集》《徐光启著译集》《农政全书》等书的基础上增加了不少新发现的佚著佚文,还吸收了许多最近研究成果。其中《徐氏庖言》《毛诗六帖讲意》《灵言蠡勺》《测量法义》等10多种专书是首次整理出版。

（1）徐光启在天文学上的成就

徐光启是著名的天文学家，他精通天文历法，在朝廷的支持下,他主持修订了历法,并编译了《崇祯历书》,这是他在天文学上的主要成就。《崇祯历书》是一部比较系统介绍欧洲天文学的著作，在其后相当长一段时间内，它一直成为天文学家学习和研究西方天文学的最主要著作，对我国天文学的发展产生了很大影响。

历朝历代都重视历法的编制。在明末以前，中国古代的历法准确度一直很高，天文技术处在世界前列，但从明末开始，却明显地落后于西方。这主要有两个原因，一是西方科技迅速发展，天文技术比中国进步更快；二是私人研制修订历法长期被明王朝禁止。

明王朝建立后的200年间，天文学方面除一些异

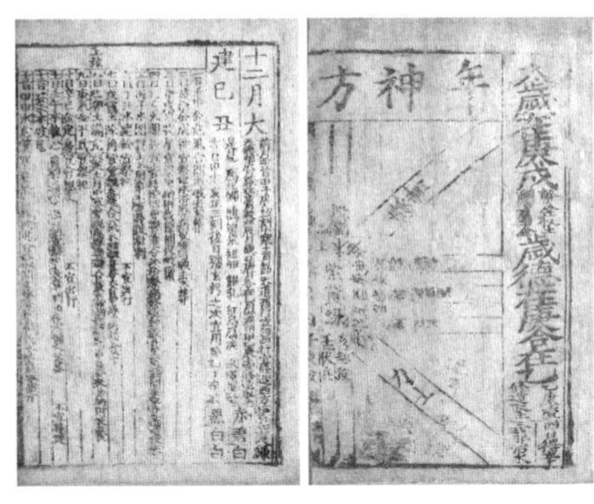

明代的大统历

常天象观测外，其他天文学活动很少，基本处于停滞状态。明王朝自建立后，历法方法采用的是《大统历》，《大统历》除个别地方外，基本承袭了元朝郭守敬的《授时历》。《授时历》是一部非常优秀的历法，但是我国古代历法包括推算日食、月食等许多内容，不同于西方历法。到明代末期，《大统历》用了300多年，随着误差积累，所测算天象与实际偏差增大。崇祯二年（1629年）五月日食，钦天监推算又发生明显错误。徐光启上书建议参考西方历法，修正现行历法，获得准许。经过几年的工夫，徐光启虽取得了很大的突破，但这项工作屡经波折，又因为战乱，在明代并未完成。

当时协助徐光启进行历法修改的中国人有李之藻（1565—1630）、李天经（1579—1659）等，外国传教士有龙华民、庞迪峨、熊三拔、阳玛诺、艾儒略、邓玉函、汤若望等。

徐光启在天文学上的另一成就是编制了《崇祯历

书》，历书全书46种，共137卷。这本历书的编定工程巨大，从崇祯四年（1631）开始，到崇祯十一年（1638）才完成，历时8年。历书分5次进呈朝廷，前3次由徐光启亲自呈上，后2次都在徐光启去世后由其他人呈上。

除了负责《崇祯历书》全书的总编工作，徐光启还亲自参编《崇祯历书》，他参加了全书中《大测》《测量全义》《测天约说》《日缠表》等的具体编译工作。

《崇祯历书》主要吸收的是西法。当时世界上最为先进的天文学说是哥白尼的日心说，但传教士并未将哥白尼体系介绍进来，所以徐光启等人编定的《崇祯历书》采用第谷（Tycho）体系，仍以地球为太阳系的中心。此外，传教士也未介绍更为先进的行星三大定律（开普勒三定律），但就算是这样，采用西法的《崇祯历书》，在推算日食、月食上，仍比采用传统之法要准确很多。学习西法，使中国在天文学上向前跨越了一大步。

徐光启在天文历法上，不但介绍了不少当时甚为先进的西方天文知识，会通中国原有历法，主持编成了《崇祯历书》。此外，他还引进了许多关于地球的知识，比如地球是圆形的，并介绍了经度、纬度、星图等概念，制成了第一个全天性星图。另外他改进了天文学里的计算方法，这些，都使他为中国天文学的进步做出了巨大的贡献。

书成之后不久，明朝灭亡，未及用于编制历法。入清以后，汤若望对原书进行了重新组合编排，又补入自己所撰的《奏疏》《新法历引》《历法西传》《新历晓惑》及《新法表异》等书，改名《西洋新法历书》，共103卷，进呈清廷顺治帝，得以颁行，名为《时宪历》，一直沿用到清亡。康熙年间，虽然西法的地位受到了冲击，但最终还是以大获全胜而告终。这也是西方文化全面冲击中国传统文化的前奏。

（2）徐光启在数学上的成就

徐光启不但在天文学上做出了巨大的贡献，在数学上他也多有成就。比如“几何”这个词，最早被用为数学上的专有名词，就始于徐光启。

徐光启在数学上的成就，除了在利玛窦的帮助下译介了古希腊数学家欧几里得的著作《原本》，他还深刻思考中国数学在明代落后的境况，对其原因进行明确论述，此外，他又清晰地论述了数学应用的广泛性，对推广数学的学习和运用起到很大作用。

对欧几里得著作《原本》的翻译，是徐光启在数学方面的最大贡献，这本数学著作的翻译本，被徐光启定名《几何原本》。《原本》成书于公元前3世纪，是一部集大成的数学著作，它以严密的逻辑推理，形成了一个完备的几何学体系。经过几代数学家的研究和注释,《原本》不仅对数学这门学科产生了重要影响,还对整个近代科学的发展起到了很大的推动作用。《原本》的严密的逻辑推理方法，为近代科学研究提供了科学的研究方法和正确的科研思想，从而促进了近代科学的快速进步。徐光启对这部著作极为重视，他深知这部数学著作的重要价值，他不但和利玛窦一起将它翻译出版，还大力将它推广到中国，在他看来，每个人都应该去学习《几何原本》。但是,“人人都学几何”的愿望在徐光启的时代并未实现，直到 1900 年代，科举废除后，几何学才成为了中等学校的必修科目。这也足见徐光启的高瞻远瞩。

徐光启是少数认识到中国在明代时数学落后并探索其中原因的科学家之一。在明代以前，中国的数学一直比较发达，自汉代刘徽编出中国第一本数学著作《九章算术》以来，到元代，中国的数学沿着明确的计算为本的体系，取得了丰硕的成果。但进入明代以来，对古代已经取得的成就却继承甚少，很多成果都失传了。而在西方，这时正是科技兴起的时候，西方的数学取得很大突破，已经远远超越了中国。深刻认识到这一点之后，徐光启仿佛找到了突破口，他试图通过学习西方的数学、科学技术，来达到振兴中国科技的目的。他翻译《几何原本》，就是他学习西方科学文化重要的实践。

另外，徐光启论述了数学应用的广泛性，他列出可应用数学的方面包括10项，分别是天文历法、水利工程、音律、兵器兵法及军事工程、会计理财、各种建筑工程、机械制造、舆地测量、医药、制造钟漏等计时器。论述数学应用的广泛性，意在推动对数学的学习和推广运用，在一定程度上，徐光启确实达到了目的。而徐光启的一系列努力，在他死后慢慢地发挥作用。事实证明，历史最终没有忘记他，他终成一代伟大的科学家，为世人永远铭记。

（3）徐光启在农学上的成就

徐光启生在农家，他的家乡地处东南沿海。自小他就见惯了农民日出而作、日落而息的艰辛，让他体会到不违农时的重要性。尤其他耳闻目睹沿海地区经常出现的水灾和风灾，给农业生产和农民生活带来的极大破坏，这使他很早就懂得了科学种地的重要性，萌生了救灾救荒的念头。他长期思考和研究排灌水利建设。当他在朝廷做官以后，每每利用闲暇在家的时间，了解学习农业知识，到北京、天津、上海等地的乡间设置试验田，乐此不疲地进行各种农业技术实验。由此他搜集到大量的农事信息，积累起丰富的经验和知识。

农政全书

通过长期的努力，徐光启在农事方面写下了很多著作，同时还翻译了不少关于这方面的著作，有《农政全书》（1639）、《甘薯疏》（1608）、《农遗杂疏》（1612，现传本已残）、《农书草稿》（又名《北耕录》）、《泰西水法》（与熊三拔共译，1612）等。虽然徐光启的农书著作数量没有他的天文历法著作多，但是花费的时间和精力有过之而无不及。

《农政全书》是徐光启所有农事著作中的代表作。此书是在徐光启去世后经陈子龙删改整理后出版的。《农政全书》共计60卷，约70万字，分农本、田制、农事、水利、农器、树艺、蚕桑、蚕桑广类、种植、收养、制造、荒政12个部分。书中大量引用古代的和当时的有关农业生产的文献资料，并结合自己的知识经验和思考体会进行撰写。所以陈子龙称《农政全书》是“杂采众家”又“兼出独见”的著作，而当时的人对徐光启的这本著作也有很高的评价：“人间或一引先生独得之言，则皆令人拍案叫绝。”（刘献廷：《广阳杂记》）

关于徐光启的《农政全书》一书的主要内容，首先是关于农政思想的论述，这占了全书的大部分篇幅，他在书中表达了如下两个方面的观点：

一是利用垦荒和开发水利致力于发展北方的农业生产。自魏晋朝以来，北方是全国的政治中心，而粮食供给、农业中心却依靠南方，每年需要南粮北调，不仅浪费巨额运输费，还消耗诸多人力物力。到了明朝末年，漕运弊端已显现，成为政府财政较大的隐患之一。对此，徐光启认为解决这一问题需发展北方农业生产，比如垦荒、水利、移民等措施。徐光启在《农政全书》中用 4 卷的篇幅来讲述东南（尤指太湖）地区的水利、淤淀和湖垦。亦对棉花在东南地区的种植、推广，做了不少研究。

二是注意备荒、救荒等荒政。他提出了“预弭为上，有备为中，赈济为下”（徐光启著：《农政全书》）的以预防为主的方针，其方式主要从“浚河筑堤、宽民力、祛民害”等方面做好预防工作。

《农政全书》的主要内容，其次就是重点介绍了关于农业技术方面的知识和经验：

他分析中国古代农学中的“唯风土论”思想，指出，

“唯风土论”中“风”指气候条件，而“土”指土壤等地理条件。“唯风土论”主张,作物适不适合在某地种植,要看“风土”条件是否适宜,而且一旦确定则永不改变。在他看来这种观点是错误的，有害的。徐光启还用例证证明通过试验可使过去认为不适宜的作物得到推广种植。徐光启虽重视风土论，但是不唯风土论的思想,对推进农业技术的发展进步无疑是具有积极的启示意义和促进作用的。

书中徐光启大量地介绍了农业生产技术知识和相关经验。如提高南方的旱作技术，种麦要避水湿、与蚕豆轮作可以提高产量；他还提出豆、油菜、棉等旱作技术的改进意见，其中对长江三角洲地区棉田耕作提出了“精拣核（选种）、早下种、深根短干、稀稞肥壅”（徐光启著：《农政全书》）的 14 字诀的管理技术。

其他还有甘薯种植的推广和栽培经验的总结，还有针对蝗灾总结蝗虫虫灾的发生规律和治蝗的方法等,都作了比较详细的阐述和介绍。

（4）徐光启在军事上的成就

明代，我国东南沿海一带常遭倭寇侵犯，徐光启的家乡也不例外。徐光启目睹一次次外敌入侵的危害,所以他小时候便关注兵事。他在写给焦竑的一封信中就谈到自己的感触和愿望:“（光启）少尝感愤倭奴蹂践,梓里丘墟，因而诵读之暇稍习兵家言。时时窃念国势衰弱，十倍宋季，每为人言富强之术：富国必以本业，强国必以正兵。”（《徐光启集·复太史焦师座》）将农业作为富国之本，将正兵作为强国之本，正是徐光启的家国情怀的表达。对军事科学技术的重视，使其潜心研究，而且成果丰硕。

徐光启首先提出了“求精”“责实”的军事作战思想。在他任职翰林院庶吉士时，便在《拟上安边御虏疏》中提出了鲜明的观点，他认为，“设险阻、整车马、备器械、造将帅、练戎卒、严节制、信赏罚”，这些都不过是“世俗之常谈，国家之功令”，“于数者之中，更有两言焉。曰求精，曰责实。……苟求其精，则远略巧心之士相于讲求，经岁而未尽；苟责其实，则忠公忧国之臣所为太息流涕者，十倍于贾谊而未已也”。他强调一切军事的核心贵在“求精”和“责实”。

徐光启其次提出了“无敌”和“预敌”的军队建设思想。他重视并大力提倡管仲的“八无敌”和晁错的“四预敌”。“八无敌”即材料、工艺、武器、选兵、军队的政教素质、练兵、情报、指挥；“四预敌”即器械不利、选兵不当、将不知兵、君不择将。若是能“八无敌”则可以无敌于天下，若是能“四预敌”则能兵无敌手。因此，他提出“极求真材以备用”。“极造实用器械以备中外守战”，“极行选练精兵以保全胜”，“极造都城万年台（炮台）以为永永无虞之计”，“极遣使臣监护朝鲜以联外势”(《徐光启集·辽左陷危已甚疏》)。这些办法都是综合了“八无敌”和“四预敌”思想与“求精”“责实”精神。值得一提的是，袁可立是当时的登莱巡抚，徐光启在兵器方面的才干很快得到袁可立的充分赏识，后来二人都主张从战略上强化对朝鲜控制，从“抗倭”和“抗金”的立场上与300年后中国的“抗美援朝”很是相似。

对士兵的选练，徐光启最后提出了“选需实选，练需实练”的主张。万历四十八年（1620）二月开始，操练新军在通州、昌平等地开展，由徐光启督练。在此期间，他撰写了《选练百字诀》《选练条格》《练艺条格》《束伍条格》《形名条格》(列阵方法)、《火攻要略》(火炮要略)、《制火药法》等。徐光启的这些著作可以说是我国近代较早的一批条令和法典了。《选练百字诀》和《选练条格》体现了其“实选”“实练”的责实精神。

另外，徐光启在制器方面也较为重视，对武器制造尤其是火炮的制造格外重视。管状火器出于中国，但是到明代末年，此制造火器技术已经落后于时代，由于军防需要，急需从国外引进新的火炮制造技术。徐光启曾多次为此上疏建言。关于火器在实践中的探索，徐光启都有涉及，包括对火器与城市防御，火器与攻城，火器与步、骑兵种的配合等各个方面。可以说，在中国军事技术史上，徐光启是重视并提出火炮在战争中的应用最早的人，可见其难能可贵。

延伸阅读

郑若曾的“筹海”抗倭思想

郑若曾是我国明代一位以抗倭筹海著称的学者，又是一位著名的地理学家。他的著作有多种，均被收入《四库全书·地理类》，定名为《郑开阳杂著》，对学术界有比较广泛的影响。

郑若曾（1503—？），字伯鲁，号开阳，江苏昆山县人。卒年已不可考。他出身书香门第，自小接受中国经典文化熏陶，明朝嘉靖初年曾被录为贡生。小时候曾师从湛若水与王守仁读书学习，胸怀经国济世之志。长大后从军入征，跟随胡宗宪（1512—1565）抗倭有功，被封授锦衣坚拒不受，即退征回籍，志以著书立说。

他的著作有《万里海防图论》《江防图考》《日本图纂》《朝鲜图说》《安南图说》《琉球图说》《海防一览图》《海运全图》《黄河图议》《苏松浮粮议》

10种。收入《四库全书》时，汇作《郑开阳杂著》。《四库全书提要》说："此十书者，江防、海防形势，皆所目击，日本诸考，皆咨访考究，得其实据，非剽掇史传以成书，与书生之纸上之谈固有殊焉。"

郑若曾像

郑若曾是以佐胡宗宪抗倭著称的学者，所以在他的著作中，对海事特别关切。而且多从战略形势、强固海防的角度来研究问题。比如在第二卷中，他就详细论述了论海运之利、论海塘之设、论烽堠之要、论财赋之重、论御倭之法以及论练兵之法等问题。从地理学的角度来看，以《论海运之利》与《论海塘之设》最有意义。

郑若曾十分重视海运，而对于运河航运，则持保留态度。他在《论海运之利》中写道："海运之法，自秦已有之。而唐人亦转东吴粟帛，以给幽燕。……而用之以足国则始于元焉。"《元食货志》论海运有云："民无輓输之劳，国有储蓄之富。以为一代良法。……况今京师所用，多资南方货物，而货物之来，苦于运河窄浅，脚价倍于物值。此策（指发展海运）既行，则南货日流于北，空船南回者，必须物实，而北货亦日流于南矣。故今日富国足用之计，莫大于此。”

海运既然有许多优点，为什么海运得不到发展呢？问题在于海运有一定风险，粮米有较多的损耗，船只也有一定的损失，转运者又无利可图，苦于应差，所以宁走运河，不愿走海上。郑若曾在《郑开阳杂著》中论述道：

> 间考元时海运故道，南自福建梅花所起，北自太仓刘家河起，迄于直沽，南北不过五千里，往返不逾二十丑。不唯转输便捷，国家有经费之繁，抑亦货物相通，滨海居民，咸得其利，而无盐盗之害。
>
> 自永乐以来，会通河成，海运遂废。运者皆由漕河，所以避海洋之险也。海险莫甚于成山以东，白蓬头等处，危礁乱矶，湍流伏沙，不可胜纪。然在熟识水洪者，自可趋避，今黄河渐徙而南，或冲而北，屡为漕患。愚意亟宜修复海运旧制。招募沿海渔人、灶丁、盐徒、番客，寻认海洪，以开运道。而以沙民朱清、张碹为之使，且又禁网疏阔，能与民间同其利。至国初（明代初年），迁都北平，议行海运，编定里甲，递年轮差，夹带私盐

者没入之，更真以法。且造船多不如式，督运多不得人，故乡民数逢其害，咸以为不便。诚如元时故制，招募沿海巨室，自备人船，海运每运米万石，给予耗米行粮四千石，许载私货回盐，以酬其劳，连年有功者，量授以官，人谁不乐效用乎！

这番议论，应当说是很有道理的。

其实明代停止海运，除了风险大、损失多以外，倭寇对沿海的袭扰也是一个重要原因。作为筹海抗倭的郑若曾来说，当然是很了解的，只是在这里他根本没提起这件事。

书中郑若曾用了较大的篇幅，讨论了御倭之法，讨论了练兵之法，介绍了日本国的情况，叙述了倭寇的危害。他说："近数年来，弘肆剽掠，滨海郡县，荡为丘墟。"故"今日急务，备倭为第一要义"。

在《论海塘之设》一文中，郑若曾简述了筑塘的历史及海塘的作用，希望引起有关方面的重视。他写道：

海塘之制，本为捍御咸潮害稼而设。自春秋时范蠡筑圩田之后，东南田利渐兴，财赋渐盛。至唐开元间，于此筑捍海塘。其长起子嘉定之老鹳咀以南，迄于海宁之澉浦以西，高如城垣，内外皆有塘沟相夹。自设此塘之后，而松、嘉，杭无入海水日。……因塘旧迹有堙有存，故表而出之，庶于防御有裨云。

《郑开阳杂著》有图有说，图说结合。图幅较多，且绘制精细，是其他地理书所远不能及的。文字说明，也比较概括简洁，说理明白，确是一本很有价值的地理著作。

西学中用的明代科学家——李之藻

李之藻（1571—1630），字我存、振之，号凉庵居士，又号凉庵逸民，浙江仁和（今杭州）人。明代科学家。万历二十六年（1598）进士，任职于南京工部员外郎。二十九年随同传教士利玛窦习天文、数学、地理等科学，娴于天文历算、数学。“晓畅兵法，精于泰西之学”，与徐光启、杨廷筠齐名。天启元年（1621）清军陷辽沈，李之藻由徐光启推荐，任光禄寺少卿，兼管工部都水清吏司部郎中事。崇祯二年（1629）新设历局以修正历法，与徐光启同为监督，和龙华民、汤若望等教士译书修历。次年六月到局视事，旋病卒于任所。主要代表作品《天学初函》52卷，《乾坤体义》（与利玛窦合著）。

1. 借鉴中西的成就

在明代，李之藻与徐光启齐名，两人不但交往很深，而且同随意大利人利玛窦游，学习天文、数学、地理等科学。万历二十六年（1598）进士，后任光禄寺少卿、知州、太仆寺卿、南京工部员外郎等职。万历三十一年（1603）在福建任学政一职。万历三十三年（1605）为朝廷所派，在山东章丘治理河水。万历三十六年（1608）前往开州（今河南濮阳）任职知州。万历三十八年（1610）入天主教。万历四十一年（1613）在南京任太仆寺少卿，并向皇上上疏请求翻译西洋历法。万历四十三年（1615）前往高邮担任制使一职，奉命治理南河，效果显著。天启元年（1621），由徐光启推荐，担任光禄寺少卿兼工部都水清吏司事。天启三年（1623）二月遭弹劾，

李之藻像

于是罢官回乡。专心于翻译事宜。崇祯二年（1629），因朝廷新设历局，重新起用徐光启修正历法，即奉召，参与其工作。第二年（1630）六月，病逝于任所，享年65岁。

李之藻20岁时便著《中国十五省地图》一书，其内容相当精确。后有幸得见《世界全图》，便立即着手翻译刻制《万国地图》屏风。万历三十五年（1607），李之藻与利玛窦一同翻译2卷《浑盖通宪图说》，次年又翻译1卷《圜容较义》，后又与利玛窦翻译11卷《同文算指》，到万历四十一年（1613）全部翻译完，总计分为前编2卷、通编8卷、别编1卷，《几何原本》是与徐光启同译，是中国编译西方数学最早的重要著作。在天启年间（1621—1627），李之藻译著不断，又与葡萄牙人傅汎际共同翻译了亚里士多德名著《寰有铨》6卷、《名理探》10卷。我国逻辑学最早的译本就是《名理探》。此外，李之藻还有其他许多译著，包括《经天盖》《简平仪说》（熊三拔著）、《坤舆万国全图》《天文初函》等10多部，而关于数学、历算等的序、跋、奏、疏相关内容达30多篇，对我国认识西方科学具有重要作用。

徐光启修订明朝《大统历》，李之藻从旁协助。万历四十一年（1613），李之藻提出的“西洋天文学论十四事”，开设馆局翻译西法的建议未得到朝廷的答复。崇祯二年（1629）五月初一为日食日，与《大统历》《回回历》相比，徐光启根据《西洋新法历书》预测的时间最为准确。七月，朝廷诏开历局，徐光启、李之藻接受任命督修，补充《大统历》的不足，编新历《崇祯历书》，为我国现行的农历奠定了基础。

2. 利用传教士积极的一面

在明代利玛窦刚到中国的时候，中国人都认为利玛窦是个儒雅学者，但他真正的目的是在中国进行天主教传教，但在那时很少有中国人真正入教，直到清康熙年间（1662—1722），天主教在中国才有了较大的发展。

当时，一些中国文人最终选择加入天主教，与传教士的积极传播是分不开的，以晚明时徐光启、李之藻、杨廷筠、王征 4 人最为典型。徐、李、杨、王 4 人当时被称为中国天主教的“四大贤人”。他们能够变成天主教徒，一是受他们所接触的传教士的虔诚的人格魅力的感染；二是为传教士所传授的西方科学知识所吸引；三是为他们理想主义的宗教观所感动；四是为“儒耶相融”的天学理论所鼓舞。

中国文人最先被传教士的儒雅之风所吸引。徐光启在上疏崇祯皇帝时表示他对利玛窦的信任，不是因为一时冲动，而是经过长期考察的，他接触到的传教士都生活俭朴，待人谦和，学识高深，在他们自己的国家都是“千人之英，万人之杰”（宋·圜悟克勤著：《碧岩录》上卷），谁不愿意与这样的人结交呢。在为利玛窦的《畸人十篇》写序时，李之藻也表达过类似的感受，他说，这些传教士不羡红尘，不慕高官厚禄，一心只想“潜心修德，以昭事上帝”（《明末清初耶稣会文献》），一旦与他们相识，你就会发现他们涉猎极广，发前人未发之言，但内心宁静祥和，可谓“至人”。

传教士介绍的那些闻所未闻的西方科学知识对文人们的触动最大。关西大儒王征在《远西奇器图说录最》中说，与传教士交往多年，深感“畸人罕遇，绝学希闻，遇合最难”，这些西儒的奇器是国家现在最需要的，怎能不学、不传？徐光启在《泰西水法》序中说：“久与处之，无不意消而中悦服者，其实心、实行、实学，诚信于士大夫也。”传教士的“实学”深深感染了徐、李、杨、王 4 人，他们进而接受其宗教观，信奉天主教。

与利玛窦交往多年，李之藻虽专研西学但因为家中妾室的原因，一直未入教，后因李之藻在北京生病长期受到利玛窦的悉心照顾，深受感动，“立志奉教于生死之际，幡然受洗”（方豪著：《李之藻研究》，海豚出版社 2016 年版）。李之藻对天主教的认识，是建立在耶、儒有其共同基础之一思想上。他认为儒家讲事亲而推及于天，这个“天”就是利玛窦所说的“天”。

实际上，二者相差甚远，但在追求终极关怀上确实有着一致性。

徐、李、杨、王 4 人中，唯一一个因单纯信仰而加入天主教的就是杨廷筠。他几乎不给传教士的著作作序，也从未像其他 3 人那样与传教士合作同译西方著作，他说他对西方的几何、文学也不甚了解。但是杨廷筠之所以入教，也是因为他一直比较关注与宗教、哲学有关的问题，也和他看到《七克》等传教士所写的著作中，包含有和儒家伦理极大的相似性有关。其实杨廷筠对天主教的理解与传教士的期待存在很大差距。杨廷筠说："惟西方天学乃始一切扫除，可与我儒相辅而行耳。"因而龙华民（Nicolas Longobardi，1559—1654）称"他的见解还是中国学说式的见解"。

明清时期，入教的文人士大夫尽管在思想上有"儒耶相融"的理念，但在文化上仍存在矛盾和冲突，例如中国为传宗接代的纳妾问题。就拿王征来说，王征入教后，家中的男孩不幸相继病故，家人要他再纳一房妾好延续香火。于是，52 岁的王征娶了 15 岁的申氏为妾，这当然属违反《十戒》的重罪。后来，王征不但了断了和申氏的夫妻关系，还公开写下了《祈求解罪启稿》为自己赎罪。虽然断绝了夫妻关系，但是并未休弃，王征死后仍留申氏在家中掌管家务。

其实，儒家思想与天主教思想是存在天然矛盾和冲突的。历史十分悠久的中国文化与天主教的碰撞，彼此同样有进退两难的尴尬和窘状。虽然，利玛窦想出“合儒易佛”的妙招，试图消除难以相容的矛盾，但不可能解决根本问题。于是，当利玛窦刚刚去世，其继任龙华民废除了“合儒易佛”的不切实际的想法后，一时间耶稣会内部纷争四起。

延伸阅读

明朝与葡萄牙的关系

明朝弘治十二年（1499）八月，当孝宗皇帝正苦心经营“弘治中兴”时，远在西欧的国家葡萄牙却发生了一件改变东西方文明史的大事，就是葡萄牙航海家达·伽马的远洋船队，经过好望角进入亚洲，到达印度卡特里亚港后胜利返航。这对欧洲人意味着巨大财富的“香料航线”被打通了，欧洲人至今津津乐道的“大航海时代”由此揭开了序幕。

从此，当时欧洲航海业最发达的两个国家葡萄牙和西班牙相继进军东方，西班牙随着哥伦布发现美洲大陆，到处经营他们的据点，而葡萄牙致力于对南亚和东南亚的大肆扩张。

1511 年，葡萄牙占领满剌加（今马来西亚）以后，已无后顾之忧，遂积极发展与中国的关系。这年，葡萄牙总督派佐治·阿尔伐立斯来到广东东莞县的屯门岛。佐治·阿尔伐立斯留居该岛时，染疾身死并葬于此地。屯门岛成了葡萄牙人初至中国的屯驻之地。

葡萄牙人其实对中国向往已久，他们希望从中国得到丝绸、瓷器，转卖欧洲市场以牟取暴利。这也是他们开辟欧亚航线的中心目标。1516 年及 1517 年，葡萄牙驻满剌加总督两次派遣安特拉德来华，第二次并以皮莱资为大使，先至屯门岛，继到广州。葡人有海船两艘，并以火者亚三为舌人（翻译），称佛郎机国向中国进贡，请准许入城。广州地方官以佛郎机素不通中国，拒绝了他们入城的请求。他们强行将船驶入中国内河，并举炮为礼，“铳炮之声，震动城郭。”（《明武宗实录》）葡使进入广州后，因《大明会典》中没有佛郎机之名，不是朝贡国，两广总督陈金不敢擅自做主，便奏请明朝廷定夺。葡使留居广州怀远驿两年多，1520 年得允准后方得进京。皮莱资先到南京，觐见了南巡的明武宗。待武宗返驾，葡使已先期到达北京。葡使要求获得与中国通商的权利，始终未被允许。武宗死后，世宗继位。时广州地方官屡奏葡人不法。葡人不仅“占据屯门海澳”，而且“剽劫行旅”“掠卖良民”。有些大臣请求杀掉葡使，明世宗不许，仅命葡使回广州听候处置。皮莱资被羁押于广州监狱，于 1524 年 5 月死于广州。

舌人火者亚三在南京时即得侍武宗左右，常教武宗学习外国语以为戏。后随武宗入京，恃宠骄横，常轻侮朝官。嘉靖帝即位后，火者亚三和投靠葡萄牙人的前朝宠臣江彬一起被处死。

葡人来中国，主要目的是要发展和中国的贸易。对于葡人来说，发展海外贸易是发展资本主义的迫切需要。中国的情形则相反，仍是一个自然经济占统治地位的封建大国，资本主义萌芽极为微弱，没有发展海外贸易的强烈要求。明王朝一直推行海禁政策，只有朝贡才允许附带进少量的物品交换，对私人海外贸易一概禁止。中、葡之间的这种矛盾，就决定了冲突势所难免。另外，葡人拥有先进的枪炮，面对尚处于冷兵器时代的中国，早存轻侮之心，敢于横行抢劫，公然侵占中国领土。这就决定了中葡冲突必不可免了。

正德十六年（1521）和嘉靖二年（1523）初发生的两次中葡冲突，对中国产生了两个明显的影响。其一，佛郎机传入中国，并开始用于防务。当时的广东海道副使汪鋐从屯门驱除葡人，即缴获了一些葡人的枪炮。“官军得其炮，即名为佛郎机。”（《明史·外国传六·佛郎机》）汪鋐上疏朝廷，极陈此兵器猛烈异常，请求大力仿制，用于边防。当时，明廷北边常有蒙古各部来

明代佛郎机

犯，边事危急。明廷便听从了汪鋐所奏，且提升汪鋐为右都御史，督办此事，以便在边防上广加使用。由此明军开始了新一轮的武器更新，这种佛郎机几经明军改进，生产出了大型佛郎机（重型火炮）、小型佛郎机（轻型火炮）、多雷佛郎机（连发火炮）和马上佛郎机（骑兵专用火炮）等多种型号，成为明军的主要作战火器，在明朝军队对蒙古和倭寇的作战中发挥了重要作用。

其二，由于中葡在广东两次发生冲突，明朝廷不准葡人前来贸易，对南海其他国家来广州的贸易活动，也一概加以拒绝。这使得商业一度颇为繁盛的广州，顿时显得格外萧条，且严重影响到广东的地方财政税入。因这里海禁顿严，沿海商民便千方百计地去闽、浙等地。葡人在广东不能得逞，也转向闽、浙沿海一带。中葡之间遂在闽、浙一带又发生了新的冲突。

嘉靖中期，以许栋为首的倭寇盘踞宁波附近的双屿港，进行走私贸易。葡萄牙人和许栋相勾结，在双屿建立据点，一边进行贸易，一边“每每肆行劫掠”（俞大猷 :《正气堂集》卷七）。嘉靖二十七年（1548），浙江巡抚朱纨派都指挥卢镗率兵进攻双屿，葡人全被驱逐，许栋也逃走了。他们在双屿的房屋建筑也全部被铲除。

葡萄牙人随后又转移到福建沿海的浯屿（今金门）和月港，和那里的中国走私商人相结合，一边进行走私、贸易，一边进行海盗式的抢掠。嘉靖二十八年（1549），朱纨和福建巡海道副使柯乔率兵进击，葡人的船只从浯屿仓皇逃往诏安。明军截于走马溪，大获全胜。由于中国军民的英勇抗击，葡萄牙在广东、浙江和福建沿海的侵略据点都先后被拔除。葡萄牙人在抵达中国沿海的二十几年里，先是想通过朝贡通络朝廷，后又张牙舞爪入侵，终不能实现“垄断东方丝绸瓷器贸易”的黄粱美梦。

葡萄牙海盗商人虽一再被明军所驱逐，但在中国沿海占据一个通商据点的念头始终没有放弃，所以位于珠江口边的澳门成了他们觊觎的目标。历史的教训让葡萄牙人感到“来硬的”不行，于是就考虑“来软的”，一个小小的“晒货物”事件，居然让他们轻易得到了澳门。

澳门原属香山县，故又称“香山澳”。因澳门有南北二湾，规圆如镜，故又称“濠镜”。在葡商定居澳门以前，曾一度以澳门西南的浪白澳为停泊地，与中国海商进行贸易。但那里交通不便，不是适宜通商之处。1553 年，葡商通过向海道副使汪柏行贿，托言货船遇到大风浪，打湿了货物，请求在澳门晾晒。阴谋得逞后，便打算长久居留下去。他们在澳门修筑房屋，扩充居地，建造炮台，并设官治理。澳门就这样被葡萄牙人占领了。

1564 年，驻柘林的明军在谭允传率领下发动兵变，一时威胁到广州。俞大猷令澳门的葡人协助进剿（俞大猷著：《正气堂集》）。“功成重赏其夷目，贡事已明谕其决不许”。后来，葡人助剿有功，但始终未得到朝贡国的地位。自此以后，葡人在澳门愈加骄横。因此，一些大臣屡次请求将葡人驱除，明廷却一味姑息。

万历年间，荷兰人也来到中国。他们十分羡慕澳门在对华贸易中的有利地位，数次要夺归己有，均被葡人击走。葡人为了在此固守，遂修筑城墙，设置堡寨。这引起了明朝政府的警惕，便建造关门，增调军队，设官镇守。尽管不断有人奏请驱除，但明廷认为葡人在澳门便于稽察，如驱赶到外洋，他们心怀异志，可能为害更大，遂始终未予实行。后来，海道副使俞安性与葡人约定，严禁五事：禁止交结倭寇，禁买人口，禁兵船编饷，禁接买私货，禁擅自兴作，并立碑勒铭。

明朝末年，葡人视澳门犹如海外殖民地，极力要获得自治权。在万历年间,葡萄牙人设立澳门行政会议。1580年，葡、西合并以后，便仿照国内各城市的自治制度，在澳门组成元老院，为处理政事的最高权力机关。中国政府对澳门事务虽不过分干涉，但葡人始终未取得完全的自治权。葡人在澳门居住，每年需向中国交纳地租2万两银子。另外，葡萄牙人的船只到澳门，需向中国地方官府交纳船税，船税数额以货物多少来定。至于司法大权，更是掌握在中国之手。例如，1608年，香山知县蔡继善曾亲往澳门，将一个带头闹事的“夷目”缚至堂下,“痛笞之”,使一场风波得以平息。

明朝与西班牙的关系

自从西班牙人哥伦布于15世纪末发现了美洲大陆，西班牙人无不受其鼓舞，他们开始了大肆扩张的历史。西班牙人紧随葡人之后来到中国沿海。隆庆五年（1571），西班牙人

林凤像

以武力降服了吕宋岛上各土酋势力，便以吕宋为基地，与中国进行交往。吕宋土地辽阔，资源丰富，且有金矿，比较容易开发。西班牙人少，当地土人不习耕作，故极力招徕华人。明朝后期，中国沿海人民前往吕宋垦殖、采矿或从事其他手工业生产，人数越来越多。

1574 年，中国海盗头目林凤率众南下吕宋，与西班牙人发生武装冲突。福建巡抚刘尧诲为彻底剿除林凤，派把总王望高率领战船两艘前往吕宋，约西班牙人出兵夹击。林凤势不可支，遁海逃去。

当时，明王朝对海外情势所知甚少，海禁政策一直未彻底废除。对林凤这样的走私贸易集团，不仅不许其在中国沿海屯留，还勾结西班牙殖民者，联合进剿他们。吕宋原是中国的藩属，一直向中国朝贡。西班牙人侵占了吕宋，明王朝亦听之任之。林凤进攻吕宋的西班牙殖民者，明政府反而和西班牙殖民者一起围剿。在这种情况下，中国在南洋一带的势力只能日渐衰微。

1575 年，西班牙人以剿除林凤有功，派教士罗达和马尔丁率军士多人，带着国书和方物，随同明朝廷派到吕宋来围剿林凤的将领王望高前来中国，意在获得与中国通商和传教的权利。罗达等人先到厦门，继至同安，后经漳州到福州，谒见巡抚刘尧诲。刘尧诲奏报明廷，朝廷以能慕义远来，准其朝贡，但对于其通商、传教的要求，则一概予以拒绝。罗达等以所请不得允许，未有收获，便取道厦门返回吕宋。

1580年，西班牙国王腓力二世兼任葡萄牙国王，组建无敌舰队，使西班牙成为欧洲第一海上强国。在亚洲，葡萄牙占领了马六甲，并征服了菲律宾。这时西班牙殖民者打算以菲律宾为基地来征服中国。

1586年4月，西班牙驻马尼拉殖民政府开会讨论征服中国问题，并草拟了一份有11款97条的备忘录，得到西班牙国王批准。

1598年8月，西班牙船只由吕宋径至澳门，以求通商。广东地方官认为这属于“越境违例”，准备以武力驱逐。澳门葡人也拒绝西班牙船只进入。西班牙船只移泊虎跳门（今中山县西南海日）。他们仿效葡人旧日在澳门所为，擅自在这里建屋居住。海道副使章邦翰率领明军赶到,严令撤离。西班牙人被迫从这里撤走。章邦翰将他们建造的房屋全部烧毁。

西班牙人在广东寻求通商特权的努力屡遭失败，再加上为了与荷兰人相对抗，便极力要在台湾建立据点。1626年，西班牙武装船队进入台湾北部，并陆续占领了鸡笼（基隆）和淡水，修筑房屋，建造城堡，准备长期固守。这里一度成为西班牙开展与中国贸易的重要场所。这就自然和荷兰人发生了冲突。荷兰人进入台湾比西班牙人早，他们在这里与中国海商进行贸易，获利很大，故对西班牙人的进入极为仇视。崇祯十五年（1642），荷兰人将西班牙人赶出了台湾，独占了鸡笼（今基隆）和淡水。西班牙人想在中国沿海占领一个据点的努力再一次遭到失败。

明朝与荷兰的关系

荷兰，明代史籍称之为“红毛夷”或“红毛番”。它来东方较葡、西二国要晚。当它占领爪哇以后，也想来中国进行直接贸易。万历二十九年（1601），荷兰武装商船队到达澳门海面，请求准予贸易，自称“不敢为寇，欲通贡而已”（魏源著：《海国图志》卷四十）。葡萄牙人严加戒备，不许其登陆。明朝驻广东税使为平息争端，召荷人酋领入城游览。荷人在澳门1个月，毫无所获，悻悻而去。这也算是荷兰与中国第一次正式发生关系。

1603年，荷兰军舰驶抵澳门，劫得葡萄牙一艘商船，截获生丝甚多。1605年荷兰军队再次来到澳门，想以武力把澳门夺归己有。葡、荷两国在澳门激烈争夺，终因葡人防守坚固，荷人只好无功而还。此后，荷兰人又多次进犯澳门，均未得逞。

荷兰人一直想在福建沿海夺占一个通商据点。澎湖离福建很近，又是海上交通要道，福建商人南去吕宋（菲律宾群岛北部最大的岛屿），葡人东去日本，大都要从澎湖经过。荷兰人打算扼此咽喉水域，阻绝别国商船往来，独占与中国的贸易之利。

荷兰人侵占澎湖，前后有两次。第一次在 1604 年 8 月，荷兰军舰驶抵澎湖，如入无人之境。他们伐木建房，想长期占领此地。福建地方官遣人往谕，令其撤离。荷人向福建税使行贿，迁延不去。当时，福建沿海的一些私商也纷纷前往澎湖，与荷人进行贸易。明朝的一些官员力请发兵剿除。总兵施德政派兵严守要塞，派材官沈有容率兵往谕，令荷人迅速撤离。税使也不敢贸然请求开市。荷人见此情势，知道不会有所收获，并且缺少补给，只得撤离。这次占领澎湖，前后约 5 个月。

荷兰人第二次侵占澎湖始于 1622 年。当时荷兰派遣雷伊尔斯苏恩率领舰船来华，其目的是夺占澳门或澎湖。因在澳门无机可乘便驶往澎湖。荷兰人首先进攻六敖，被明朝守军击沉一艘军舰，俘斩 10 多人。荷兰退到浯屿（金门）。浯屿距中左所（厦门）甚近，那里又是商业重镇，荷兰人便向中左所发起猛攻。总兵徐一名冒死督战，荷兰人败退而去。接着，荷兰人又陆续进犯浯屿、海澄等地，皆未得逞。荷兰人因武力不能奏效，便遣人谒见福建巡抚商周祚，请予开市通商，被商周祚断然拒绝，并令其迅速撤回。荷兰人只得撤回澎湖固守。

鼓浪屿

当荷兰人往福建濒海地区进犯时，还留人在澎湖修筑城堡，以便固守。荷兰殖民者掳掠我国沿海居民1000多人为其运石筑城。他们以这里为据点，时常内犯，劫掠过往商船，并和一些海寇相勾结，互相接济。

1623年5月，雷伊尔斯苏恩再次遣人到厦门，致书当地中国守臣，要求准予通商，被严词拒绝。雷伊尔斯苏恩遂亲自到厦门，继到漳州，谒见中国守臣，力请准予通商。中国守臣置酒款待，但不许通商，令其速回。中国守臣还派千总陈士英偕同荷人到巴达维亚，以向荷兰总督说明不准通商和不能在中国久留之意。

这时，南居益代替商周祚为福建巡抚，力主将荷人驱除。陈士英从巴达维亚回来后说，荷兰人正调集船只，驶往澎湖，强要通商。南居益知道荷兰人决不肯自行撤离，遂上疏请求发兵围剿，对这些殖民者，“必不可以理喻。为今日计，非用兵不可。”（《明史》卷二一三）天启四年（1624）二月，南居益遣将夺占了镇海港，见荷兰人仍无退意，便令漳州和泉州发兵接应，调大兵围击。荷兰人虽武器精良，但终因寡不敌众，且补给困难，感到难以固守，遂遣使请求缓攻，等运米上船后，愿毁城撤退。明军以穷寇勿追，答应了荷人的请求。这年八月，荷兰人退守台湾。

天启四年（1624），荷兰殖民者占领了台湾南部。其实，在天启二年（1622），荷兰派雷伊尔斯苏恩东来时，即曾在台湾停泊。从澎湖退守台湾后，便打算进行长久经营。他们在台湾建造城堡，加强防务，并建学校，设医院，招民屯垦，还派遣许多传教士赴内地传教，进行多方面的殖民经营。

荷兰人为巩固在台湾的殖民统治，大力修建城堡。他们陆续修建了安平城（又名台湾城，荷名热兰遮城）、赤嵌城（今台南市，荷名普罗文查），屯驻重兵，加强防守。1626 年，西班牙为了与荷兰人相抗衡，侵占了台湾北部的鸡笼和淡水。1642 年荷兰人驱逐了西班牙人，将台湾全部占为己有。荷兰人对鸡笼和淡水二城加以扩建，使其成为台湾北部的重镇。

荷兰殖民者占领台湾后，仍不断到东南沿海一带侵扰。1630 年和 1633 年，荷兰人两次进犯厦门，“为郑芝龙击破，不敢窥内地者数年”（清·沈云 :《台湾郑氏始末》卷五）。1639 年，荷兰殖民者再次内犯，亦被郑芝龙击破。荷兰殖民者仰仗船坚炮利，在万历、天启、崇祯三朝，屡次内犯，给我国沿海人民造成了极大危害。中国军民武器不精，但在抵御殖民者的战争中表现出了高度的勇敢精神。

明末清初五大学者之一——朱之瑜

朱之瑜（1600—1682），浙江余姚人，字楚屿，号舜水，生于浙江余姚。明末清初的思想家、文学家、史学家、教育家。

朱之瑜像

早年随长兄、南京神武营总兵朱启明寄居松江，师从礼部尚书吴钟峦等。只因见国是日非，绝意仕进。28岁时，以“文武全才第一”被推荐到明朝廷礼部任职，明末和南明时曾两次被征官任职，都未赴任，因此被称为“征君”。清兵入关后，朱之瑜遂加入了反清复明的队伍中。待南明亡后，复明之事败，东渡日本，此后讲学于长崎、江户（今东京）。著有《朱舜水文集》。永历三十六年（1682）四月，在日本大阪逝世，享年83岁。

1. 绝意仕进，反清复明

朱之瑜出身于官僚士大夫家庭，8岁时父亲朱正去世，家道自此一落千丈，日子过得十分清苦，家里连供他上学都困难，遂开始寄人篱下的求学生活，成了松江府儒学生，学习古代文章，并精通《诗》《书》。

崇祯十一年（1638），朱之瑜见朝政紊乱，自己不能为流俗所容，就放弃仕途，专注于学问。他曾对妻子说：“我若第一进士，作一县令，初年必逮系；次年三年，百姓诵德，上官称誉，必得科道。由此建言，必获大罪，身家不保。自揣浅衷激烈，不能隐忍含弘，故绝志于上进耳。”（朱之瑜：《朱舜水文集》）朱之瑜不求功名利禄，而热衷于关心社会民生，并经常对人讲：

“世俗之人以加官进禄为悦，贤人君子以得行其言为悦。言行，道自行也。盖世俗之情，智周一身及其子孙。官高则身荣，禄厚则为子孙数世之利，其愿如是止矣。大人君子包天下以为量。在天下则忧天下，在一邦则忧一邦，惟恐民生之不遂。至于一身之荣瘁，禄食之厚薄，则漠不关心，故惟以得行其道为悦。”（朱之瑜：《朱舜水文集》）

崇祯十七年（1644），北京被义军将领李自成攻陷，崇祯皇帝在煤山（今景山）上吊自杀身亡。之后，福王朱由崧即位，称弘光帝。朱之瑜不承认福王的弘光新朝，三次被举荐到新朝为官，朱之瑜都拒绝了。三次拒绝入朝为官，惹怒了不少当权奸臣，于是很快以不受朝廷命之罪被通缉追拿，朱之瑜连夜逃往舟山。

弘光朝建立不到一年，南京被清兵攻陷，弘光朝被灭。此后，唐王朱聿键和鲁王朱以海分别建立了两个政权，朱聿键称隆武帝。但不久，福建被清兵攻破，隆武帝被清军杀害。鲁王部队攻占了舟山群岛，朱之瑜被迫离开舟山，乘船赴日本筹备军饷，资助守将王翊，以图恢复中原。但当时日本实行海禁，不让外人靠岸，朱之瑜无功而返，再回舟山。永历四年（顺治七年，1650），爱国心切的朱之瑜第二次东渡日本，不料被清军发现，但朱之瑜宁做死士，不当降臣，他的忠烈感动了清军中的一些人，朱之瑜遂被他们偷偷送回舟山，躲过一劫。次年，朱之瑜第三次去日本，当他再返舟山时，舟山已被清兵攻陷，鲁王远走厦门。更令朱之瑜痛心的是，他的师友王翊、朱永佑、吴钟峦等先后为国殉节。

为了解救国难，鲁王在永历八年（顺治十一年，1654）征召朱之瑜。此时朱之瑜已经54岁了。由于众多原因，玺书两年后才到他手中。鲁王在诏书中责备朱之瑜出逃未归有负于大义，希望他能尽快回国效力。收到诏书的朱之瑜，想立即唏转赴思明（今厦门）返回舟山，但是因为没有交通工具，困在安南。于是，他先写了一封信回复鲁王，陈述他这些年在海外的经营和积极筹资觅饷的苦心。他在《谢恩奏疏》中说："去年委曲求济，方附一舟。意谓秋末冬初，便可瞻拜彤墀，伏陈衷曲。臣数年海外经营，谓可得当以报朝廷，当与藩臣悉心商榷，不意奸人为梗，其船出至海口，半月而不果行。复收安南，愤结欲绝。""今谋之十年，方喜得当，意欲恢弘祖业，以酬君父，以佐劳臣。"

想早日回国报效祖国的朱舜水，终于在永历十一年（顺治十四年，1657）正月等来了回去的日本船，准备回国。但是没有料想到在二月遭安南供役，被羁50多天。安南国王想留住这位中国学者，对他封官拜爵，但朱之瑜长跪不受。差官举杖画一"拜"字于沙上，之瑜乃借其杖加一个"不"字于"拜"字之上。安南王还以杀他来威胁，但朱之瑜始终没有屈节，而且临危不惧。此时已经58岁的朱之瑜，为了铭记这段老年灾难，他每日记录，并取“庶人召之役则往役”之义，取名《安南供役纪事》。

永历十四年（顺治十七年，1660），朱之瑜受郑成功之邀，回国抗清。永历十五年（顺治十八年，1661）夏，朱之瑜参加郑成功和张煌言的队伍，北伐收复瓜州，攻取镇江。在每次作战中朱之瑜都冲锋在前，亲自参加战斗。北伐军进军顺利，接连收复4府2州24县，一直打到南京城下，清朝廷大为震动。然而，南京坚城久攻不克，致使错失战机，最终导致北伐军在南京城外兵败。郑成功不得已退驻福建沿海，后来为逃避清军追剿，带队伍流荡于海上，后来趋兵台湾。朱之

郑成功像

瑜觉得复明已经没有希望，心情沮丧。次年冬，朱之瑜最后一次东渡日本，经过很多周折，得以获准登岸，并在日本寓居下来，发誓永不回国。日本学者安东守约对朱之瑜行弟子礼，尽心尽力为其在日定居奔走，终于经日本政府批准，在长崎租屋定居下来。

2. 东瀛讲学，备受尊重

朱之瑜在日本定居下来后，总有人向他拜师问学，他一再声明，自己不想在异域提倡明代儒学，也不想带徒讲学，只是为了“蹈海全节”。永历十九年（康熙四年，1665），在长崎时，他正准备购地躬耕，日本国副将军（大将军德川家纲之叔父）、水户侯德川光国欲兴办教育，聘请朱之瑜做国师，并希望其能到江户讲学。朱之瑜听安东守约等人介绍后，便答应了德川光国的要求。翌年（永历二十年，康熙五年，1666）六月，朱之瑜到达江户。德川光国亲执弟子礼，竭诚以待。德川光国不敢直呼名讳，朱之瑜就以故乡“舜水”为号，意为“舜水者敝邑之水名也”，表示他不忘故国故土之情。“舜水先生”的号从此就叫开了。德川光国欲为其建新居，朱之瑜拒绝了4次。在德川光国影响下，朱之瑜的名气越来越大，日本的许多学者、达官显贵也纷纷登门拜访，向他求教，有的还拜他为师。从此，朱之瑜开始在江户、水户两地公开讲学。

永历二十四年（康熙九年，1670），日本开始建造学宫，朱之瑜负责画图纸，量尺寸，还亲临现场指导，后撰《学宫图说》。又制造古代祭器簋、笾、豆、登等，带领众学生学习释奠礼，改定仪注，详细讲述礼节。永历二十六年（康熙十一年，1672），德川光国设置彰考馆，朱之瑜门生安积觉担任主编，朱之瑜为指导，编纂《大日本史》，这对200年后日本的明治维新有不小的影响。德川光国十分敬爱朱之瑜，在他就任藩主时朱之瑜还随他一起前往江户，朱之瑜与同为德川光国编撰《大日本史》的安积澹泊、木下道顺、山鹿素行也是好友，并且影响了水户学的思想。

永历三十五年（康熙二十年，1681），远离故国不服水土的朱之瑜卧床不起，全身生疥疮。第二年（永历三十六年，康熙二十一年，1682）四月，朱之瑜在日本大阪去世，享年82岁。

3. 学术交流与影响

朱之瑜学识渊博，蜚声中外，尤其当年在日本具有很高的声誉。他的学识可谓博采众长，通晓中国典籍经史，而宋代司马光等编撰的《资治通鉴》是其最爱，研习最多；他对战国时期的《春秋》等经典烂熟于心；

见解独到深邃。

朱之瑜也是一个具有道德坚守的人。他主张忠君爱国，推崇苏武、文天祥的气节人格。他的不尚虚华的学风、扎实严谨的学问和刚直崇高的人格，使他广受尊敬，也使其学术思想在日本广受推崇。当时的日本学者都以师事朱之瑜为荣，将他比为“七十子之事孔子”。他的学生也遍布日本,最著名的有历史学家、《大日本史》的作者安东守约，日本儒学古学派的奠基人、江户时代著名哲学家伊藤仁斋，德川家康的孙子、政治家、儒学“水户学派”的始祖德川光国，江户时代著名经学家山鹿素行、木下顺斋等。朱之瑜一生著作不多,且大都在日本所撰,有《朱舜水文集》《阳久述略》《安南供役纪事》《释奠仪注》等。

他论学问看重实用。而实用者，一方面有益于自己身心，另一方面更有益于社会。他说：“为学之道，在于近里着己，有益天下国家，不在掉弄虚脾，捕风捉影。……勿剽窃粉饰自号于人曰‘我儒者也’。处之危疑而弗能决，投之艰大而弗能胜，岂儒者哉？”(《文集》卷十《答奥村庸礼书》)他十分痛恶明朝的八股取士，认为“明朝以制义举士，初时功令犹严，后来数十年间，大失祖宗设科本旨。主司以时文得官,典试以时文取士，竞标新艳，何取渊源。父之训子，师之教弟，猎采词华，埋头哔哔，其名亦曰文章，其功亦穷年皓首，惟以剽窃为工，掇取青紫为志，谁复知读书之义哉！既而不知读书，则奔竞门开，廉耻道丧官以钱得，政以贿成，岂复识忠君爱国，出治临民”！

朱之瑜认为，人们的学术思想是没有国界的，相互贯通的。他视中外为一体，这也是他在教育理念和实践上的特点。他的理想在于将天下人教育为英才，并以此为乐。他在日本20多年，接收了很多的弟子，还曾公开讲学。在讲学中，他一方面肯定日本“才贤秀出”，可以为孔、颜，为尧、舜；同时，他又指出日本崇信佛教，圣（儒）教未兴，存在问题。在他看来，日本建国应重在敬教劝学，兴贤育才是施政的当务之急。他所提倡的教育思想和忠君爱国思想，在当年的日本受到广泛的认同，并对日本社会的发展产生了深远的影响。

延伸阅读

地理探索先驱徐霞客

徐霞客（1587—1641），名弘祖，字振之，别号霞客。南直隶江阴（今江苏江阴市）人。是明朝末期的旅行家、探险家、文学家、地理学家。他编著的《徐霞客游记》

以旅游日记体的形式，以60余万字的篇幅，描绘了华夏各地的物貌风景，是一本考察祖国地理地貌地质的名著，这本旅游巨篇开辟了地理学上系统观察自然、描述自然的新方向，而且本书文笔优美，是一本上乘佳作。他由此被称为“千古奇人”，在世界历史上产生了广泛深远的影响。

徐霞客一生志在四方，不停歇地走在路上，专心致志地进行地理学考察，对中国乃至世界地理学贡献巨大，特别是在对石灰岩地貌的考察方面，成绩显著。不仅在我国，而且在世界历史上，他是系统考察石灰岩地貌的第一人。徐霞客的足迹几乎遍布大半个中国，历时30年，一生行程数万里，写下天台山、黄山、庐山等名山游记17篇，还有《浙游日记》《江右游日记》《楚游日记》《粤西游日记》《黔游日记》《滇游日记》等著作，留下60余万字的游记资料，经后人整理，

徐霞客像

终成不朽名篇《徐霞客游记》，这本游记内容是徐霞客旅行考察过程中的真实记录，有很高的科学价值，人称“古今游记第一”。《徐霞客游记》开篇之日（5 月 19 日）被定为中国旅游日。

难怪英国科学史专家李约瑟也赞叹说：“他的游记读来并不像是 17 世纪的学者所写的东西，倒像是一部 20 世纪的野外勘察记录。”

整本游记的内容大致可分为两类：一是地貌部分，二是水文部分。需要特别指出的是，游记的最大贡献就是对石灰岩地貌的考察和研究。据历史记载，欧洲最早对石灰岩地貌进行考察的是爱士倍尔，但从时间上来看，比徐霞客晚了 100 多年，所以说，无论是广度还是深度，徐霞客的贡献都是世界性的，在世界地理史上，他的成绩也是空前的。徐霞客耗费 3 年时间对西南地区的石灰岩地貌进行详细的考察研究，生动地描述了峰林、溶水洞、圆洼地、地下暗流的特征和成因。他一共考察了超过 100 个岩洞，书中详细介绍了岩洞的分布情况和岩洞的宽度、深度、高度，而且也科学地解释了石笋、石钟乳的形成原因。徐霞客对石灰岩地貌进行类比总结，最后厘定了部分名称，还确定了不同区域的特征。在那个时代，整个世界的地理学、地质学水平都处于初期萌芽状态，而徐霞客是第一个对石灰岩地貌有显著研究成果的人。

在水文方面，徐霞客进行了深入的实地考察，指出金沙江是长江上游,而不是传统的“岷江是长江上游”的说法，后来被证实他是正确的。而且他还对流水的侵蚀作用有过真实而详细的描述：“江流击山，山削成壁”，“两旁石崖，水啮成矶”，“山受啮，半剖为削崖”。他考察路上，途经福建时提出了“程愈迫，则流愈急”的科学见解，即如果两条河流的发源地高度大致相同，入海距离不同，那么这两条河的河床坡度就会造成很大差异，流程越短，流速越快。

总而言之，无论是对流水侵蚀作用的研究还是对西南石灰岩地貌的考察，尤其是地貌考察已经从表面过渡到深一步的研究了，虽然他最后没有写出理论上总结性的文章，但是在300年前那个时代，他已经在地理学上踏出了重要的一步。

后 记

“一带一路”相关国家众多，代表性人物众多，为中外交好、民心相通作出杰出贡献的人士众多。因此，为“一带一路”璀璨群星立传，既使命光荣，又责任重大。在这项浩大工程的策划、组织、执行过程中，有许许多多的人士参加了有关传主的名单征集和审定，以及写作、翻译、审读、编辑、出版、筹资、联络等繁重而琐细的工作。所有参与的人员，以拳拳报国之心，尽深厚学养之力，克服了时间紧、任务重、要求高、压力大等诸多困难与挑战，最终圆满完成了任务。在本书付梓之际，丛书编委会特向参与本项目的全体同志致以崇高敬意和衷心感谢！

同时特别需要鸣谢的是，提出策划并领导实施此项目的中国传记文学学会会长王丽博士，基于长期法律实务经验和担任“一带一路服务机制”主席职务的便利，她对相关国家和走出去的“一带一路建设者”和广大青少年的需求了解真切，提出应当为他们写一套介绍各国典型人物的简明易读的传记，为他们提供健康的精神食粮。她把这项“额外”的工作当成了事业，联袂商会筹集资金、苦口婆心招揽作者、精心挑选传主名录、夙夜青灯挥笔写作、近乎偏执逐字推敲、亲力亲为呕心沥血。面对如此浩大的出版项目和繁重的出版任务，中国出版集团华文出版社不但毅然承担了出版任务，而且集团和出版社的领导与中国传记文学学会的负责同志一起协商，寻求有关部门的支持和帮助，努力将该传系打造成高质量的精品好书。在此，我们特向项目牵头人和中国出版集团公司、华文出版社的相关领导和编辑致以崇高敬意和衷心感谢！

尤其让我们感动的是，在项目执行过程中，一些富有家国情怀的民间商会和企业家的慷慨解囊，虽不足以支撑项目的全部费用，但是他们所表现出的热心和支持，让我们坚定了走下去的信心和决心。在此，我们要特别鸣谢为本书的创作出版做出捐赠支持的中国民营经济国际合作商会、亿阳集团股份有限公司、富通集团有限公司以及太平洋证券股份有限公司，并对你们的拳拳报国之心和慷慨无私帮助致以崇高敬意和衷心感谢！

一项伟大的事业，离不开许多默默无闻的奉献者。在本传系的组织、编写、出版过程中，有历史、文学、科研、外交、教育、法律、翻译、出版等领域的数百位专业人士参与，恕不能在此处一一详列。需要特别提出的是，鞠思佳、徐帮学、景峰等同志为组织联络、搜集资料到处奔波而毫无怨言，唐得阳、唐岫敏、白明亮、谭笑等同志在编写、翻译、编辑、校对过程中的细致与负责让我们感动，赵实、胡占凡、高明光、吴尚之、刘尚军、李岩、王灵桂、李永全、陈小明、许正明、宋志军等同志睿智的指点和专业的帮助让我们避免了走许多弯路。在此，我们特向以上各位同志致以崇高敬意和衷心感谢！

当然，由于我们水平所限，本丛书难免有某些不尽人意之处和瑕疵，敬请学界专家和各位读者不吝赐教，我们将在作品再版之时吸收完善。在此，我们也向各位读者提前表示崇高敬意和深深感谢！

《“一带一路”列国人物传系》编委会

2018年3月8日

朱棣画像
Portrait of Zhu Di

沈万三画像

Portrait of Shen Wansan

郑和画像

Portrait of Zheng He

费信画像
Portrait of Fei Xin

王景弘画像
Portrait of Wang Jinghong

陈诚画像

Portrait of Chen Cheng

傅安画像
Portrait of Fu An

徐光启画像
Portrait of Xu Guangqi

李之藻画像
Portrait of Li Zhizao

朱之瑜画像
Portrait of Zhu Zhiyu